KB117590

일본의 NFT 재테크

60PUN DE WAKARU! NFT BUSINESS CHONYUMON
written by Miyuki Morikawa, supervised by Web 3.0 Team, GVA LPC.

Original Japanese edition published by Gijutsu-Hyoron Co., Ltd., Tokyo

This Korean language edition published by arrangement with Gijutsu-Hyoron Co., Ltd., Tokyo in care of Tuttle-Mori Agency, Inc., Tokyo, through Danny Hong Agency, Seoul.

일본의 NFT 재테크

지은이 모리카와 미유키
감 수 변호사법인 GVA법률사무소 Web3.0팀
옮긴이 이민연
펴낸이 이규호
펴낸곳 북스토리지

초판 인쇄 2023년 4월 15일
초판 발행 2023년 4월 25일

출판신고 제2021-000024호
10874 경기도 파주시 청석로 256 교하일번가빌딩 605호
E-mail b-storage@naver.com
Blog blog.naver.com/b-storage

ISBN 979-11-92536-87-3 03320

가격은 뒤표지에 있습니다

Web3.0시대, 새로운 자산 가치 창조가 시작된다

일본의 NFT 재테크

모리카와 미유키 지음 | 이민연 옮김
변호사법인 GVA법률사무소 Web3.0팀 감수

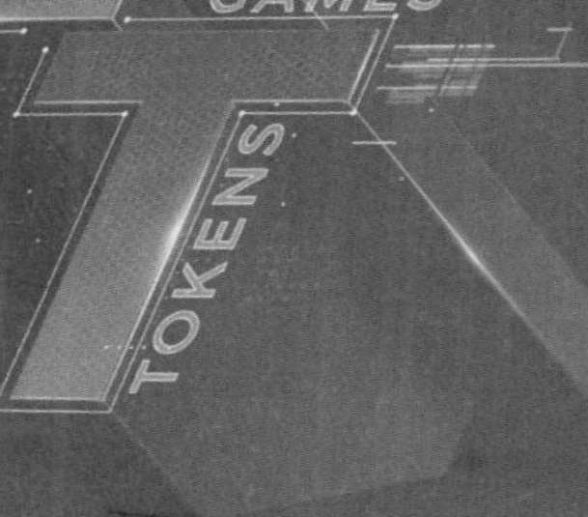

NFT란 무엇인가?

NFT란 Non-Fungible Token(대체 불가능 토큰)의 머리글자를 딴 용어로, 블록체인 기술을 이용한 새로운 인증 방식(디지털 데이터)이다. 복사가 가능한 디지털 콘텐츠 등에 비해 유일무이한 가치를 부여하는 기술로 주목받고 있다.
(→Part1 002)

블록체인이란 무엇인가?

블록체인이란 쉽게 말하면 네트워크상에 있는 데이터베이스(디지털 장부)이다. 일반적인 데이터베이스와는 달리 관리자가 존재하지 않고, 분산형 시스템, 변경, 위변조가 불가능하다(매우 어렵다)는 점이 큰 특징이다.
(→Part2 022)

▶ 토큰이란 무엇인가?

암호자산도 토큰이며, NFT도 토큰이다. 토큰의 정의는 명확하지 않지만, 여기에서는 '어떤 표식'이라는 의미로 알아두면 될 듯하다.

(→Part2 013 / Part2 025)

▶ NFT에는 무엇이 기록되어 있나?

소유자의 정보나 데이터의 보관 장소, 권리 관계 등이 기록되어 있다.

(→Part1 006)

▶ NFT와 암호자산은 무엇이 다른가?

비트코인으로 대표되는 암호자산(가상화폐)은 대체 가능(fungible), NFT는 대체 불가능(non-fungible)하다는 점이 크게 다르다.

(→Part2 013)

FT=대체 가능한 토큰

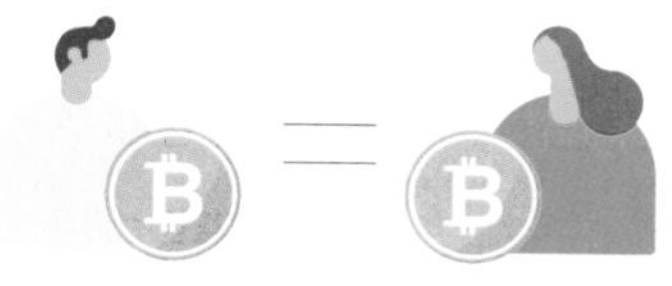

NFT=대체 불가능한 토큰

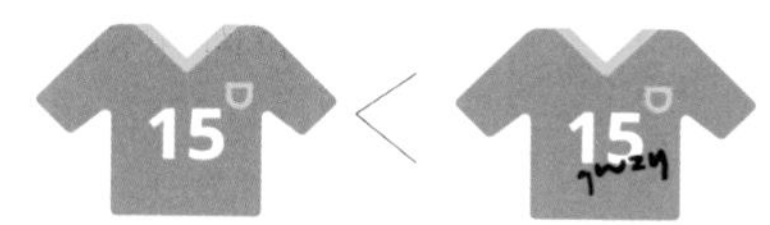

▶ NFT 아트(콘텐츠)란 무엇인가?

NFT에 의해 유일무이한 작품으로 평가된 작품이다. 지금까지 디지털 데이터는 자유롭게 복사할 수 있었기 때문에 평가하기가 곤란했지만, NFT가 등장하면서 일반 그림이나 조각처럼 이 세상에 하나밖에 없는 작품으로 평가할 수 있게 되었다.

(→Part1 003)

NFT 아트(콘텐츠)에는 어떤 것이 있나?

사진이나 일러스트와 같은 디지털 아트 작품, 트레이딩 카드, 게임 등에 사용되는 카드나 캐릭터 등. 그 외에도 전자책이나 잡지의 회원권처럼 다양한 이용법이 논의되고 있다.

(→Part3)

NFT 아트는 복사할 수 없나?

NFT 작품 자체가 디지털이라면 복사할 수 있지만, 증명서가 첨부된(NFT화된) 오리지널 작품은 희소성이 보증된다. NFT는 위변조나 복사가 불가능하다(매우 어렵다).

(→Part1 007 / Part5 050)

NFT는 어떻게 거래하나?

NFT의 상당수는 시장(마켓)이라 불리는 장소(사이트)에서 거래되고 있다. 시장의 회원이 되면 거래할 수 있다.

(→Part2 014)

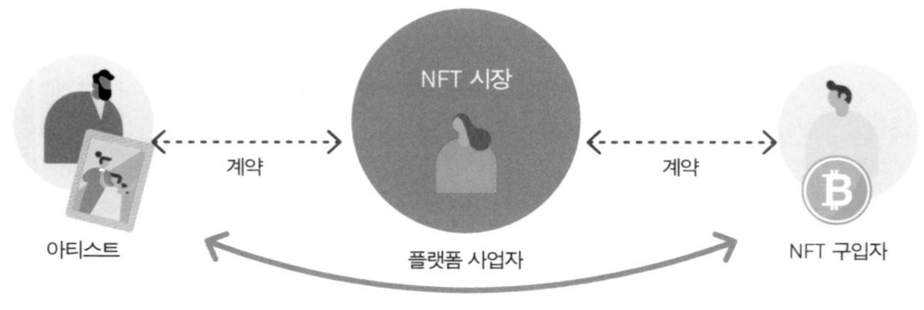

시장에서의 NFT 거래 계약

NFT를 구입하면 콘텐츠는 어디에 저장되나?

NFT를 구입해도 (경우에 따라 다르지만) 실제 콘텐츠(작품)를 직접 갖게 되는 것은 아니므로, 물리적으로 소유했다는 느낌은 체험하기 어려울지도 모른다. 작품은 거의 위변조가 불가능한 파일 시스템상에 저장된다.

(→Part2 025 / Part4 042)

NFT 거래에서는 저작권도 이전되나?

보통 시장에서는 저작권이 양도되지 않는다. 창작자와 구입자의 판매 계약, 시장의 이용 약관에 따라 다르지만, 일반적으로는 이용 권한만 양도된다.

(→Part4 043)

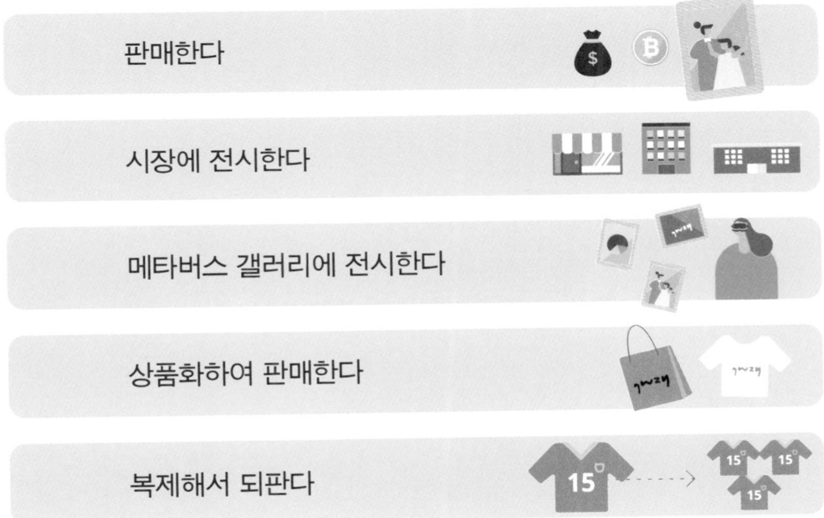

판매한다
시장에 전시한다
메타버스 갤러리에 전시한다
상품화하여 판매한다
복제해서 되판다

'가스비(Gas Fee)'란 무엇인가?

암호자산(이더리움)의 거래에서 발생하는 거래 수수료를 가리키는 말이다.

(→Part1 003 / Part2 018)

시장에서는 어떤 통화를 사용하나?

거래소(시장)에 따라 다르지만, 암호자산인 이더리움이나 비트코인, 폴리곤(Polygon, Matic), 클레이튼(Klaytn, KLAY) 등이 사용된다. 가장 많이 사용되는 것이 이더리움이다. 거래소에 따라서는 각국 화폐로 결제할 수 있는 곳도 있다.

(→Part2 016)

NFT 거래로 수익을 올릴 수 있나?

이에 대해서는 뭐라 말하기 어렵다. 제작자라면 작품에 구매자가 나서면 생각지 못한 수입을 얻을 가능성도 있다. 스스로 작품을 만들지 못하는 사람이라도 작품 등을 되팔아 이익을 낼 수 있는 경우도 있다. 물론 반대로 손실을 입을 위험도 있다는 점을 감안하고 거래에 임해야 한다.

(→Part2 014)

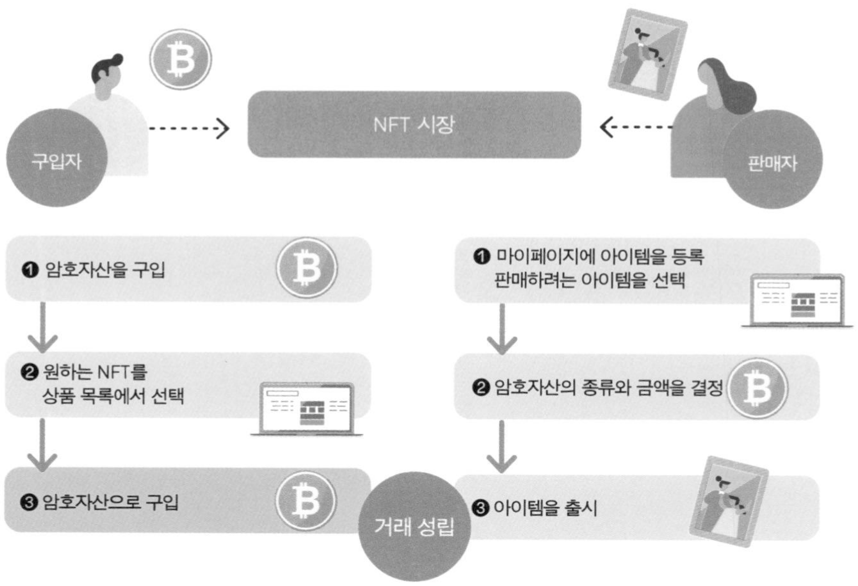

▶ 이더리움이란 무엇인가?

이더리움은 비트코인에 이어 두 번째로 시가 총액이 큰 암호자산(가상화폐)이다. 이더리움은 플랫폼을 가리키는 이름으로, 이 플랫폼에서 사용되는 가상화폐를 이스(단위: ETH)라 한다. 한국, 일본에서는 플랫폼, 가상화폐 모두를 '이더리움'으로 부르게 되어 있다. NFT도 거의 이더리움 플랫폼상에서 발행된다.

▶ NFT의 주요 플랫폼이 이더리움인 이유는 무엇인가?

이더리움에는 스마트 계약 기능이 있기 때문이다. 스마트 계약으로 거래의 자동화가 가능하고, 부정이나 위변조를 막을 수 있다.

(→Part1 004)

▶ 스마트 계약이란 무엇인가?

스마트 계약은 계약을 자동화하는 규약이다. 법학자이며 암호학자인 닉 서보 Nick Szabo가 처음 제안하고 비탈릭 부테린(Vitalik Buterin: 프로그래머, 이더리움 창업자)이 이더리움을 기반으로 개발해 제공하기 시작했다.

(→Part2 026)

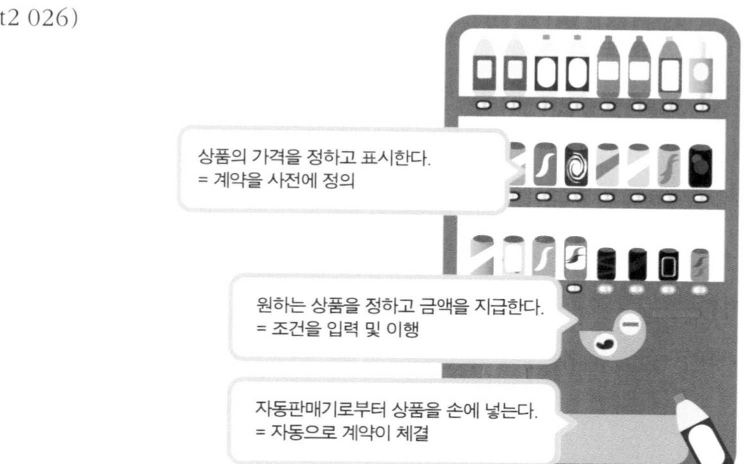
상품의 가격을 정하고 표시한다.
= 계약을 사전에 정의
원하는 상품을 정하고 금액을 지급한다.
= 조건을 입력 및 이행
자동판매기로부터 상품을 손에 넣는다.
= 자동으로 계약이 체결

차 례

PART 1 왜 주목하는가: NFT 시장의 탄생과 변천

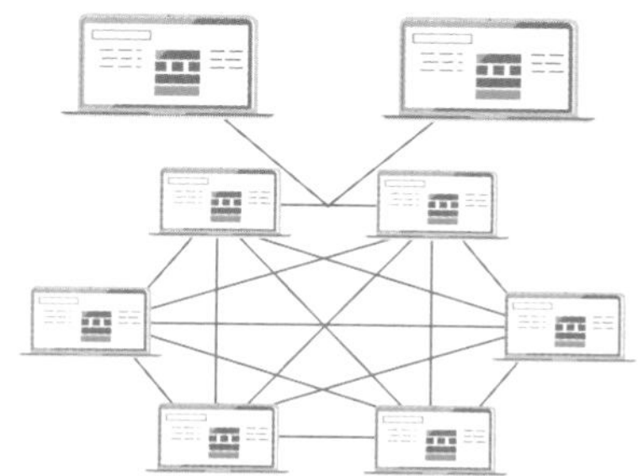

PART 2 NFT를 이해하기 위해 알아야 할 거래와 기술의 구조

PART 3 일본 기업의 NFT 참여 현황 및 비즈니스 활용 사례

법적 정의와 권리의 명확화를 위한 NFT에 관한 실제 법률 및 회계

비즈니스 장면을 바꾸어 갈 NFT의 미래

※ 주의 및 일러두기

이 책의 내용은 정보를 제공하려는 목적으로만 기술된 것입니다. 따라서 이 책을 참고하여 투자를 하거나 운용할 때는 반드시 본인의 책임과 판단에 따라 진행해야 합니다. 이 책의 정보를 바탕으로 투자 및 운용한 결과 예상한 성과를 얻지 못했거나 손해를 입게 되더라도 당사 및 저자, 감수자는 어떠한 책임도 지지 않습니다.

본문 안에 기재된 회사명, 제품명 등은 모두 관계 각사의 상표 또는 등록상표, 상품명입니다. 또한, 본문 안에는 ™마크, ®마크는 기재하지 않았습니다.

본문 안에 기재된 달러 외에 엔화는 저자가 이 책을 쓸 때의 환율에 의한 것이며, 참고가 필요한 원화는 엔과의 환율을 1:10으로 환산하여 기재하였습니다.

PART 1

왜 주목하는가

NFT 시장의 탄생과 변천

001 NFT를 '쿨 재팬'의 기폭제로 국가도 적극적으로 시작한 NFT

THE GUIDE TO NFT

▶ 이대로 가만히 있다가는 인재와 시장 모두 잃어버리고 말 것이다

자민당의 다이라 마사아키(平将明) 중의원 의원은 2022년 2월 4일 Web 3.0 및 NFT에 대한 과세 문제에 대해 관계 장관에게 질문했다. 다이라 의원은 자민당 NFT 정책 프로젝트 팀을 이끌고 있으며, 자민당 온라인 미디어 국장 및 디지털 사회 추진 본부 본부장 대리도 겸임하고 있는 디지털에 정통한 자민당의 대표적인 의원이다. 또한, **Web3.0이란 블록체인 기술에 기반을 둔 차세대 인터넷 환경**이며, 이 책의 주제인 NFT는 Web3.0를 대표하는 기술 및 개념 중 하나이다.

다이라 의원은 암호자산에 관한 세금 문제로 Web3.0 관련 사업이 일본에서 창업하지 못하고, 싱가포르 등 해외로 뛰어난 인재들이 무서운 기세로 빠져나가고 있다고 지적하며, 재무성에 개선을 요구했다.

또한, NFT의 활용에 대해서는 **일본이 보유한 애니메이션이나 팝 문화 등 이른바 '쿨 재팬**(Cool Japan, 문화 대국으로서의 일본의 지위에 대한 표현으로, 문화나 관념적인 수단을 통해 행동이나 관심사에 영향을 간접적으로 줄 수 있는 능력인 소프트 파워의 한 형태를 말함-옮긴이)**'의 기폭제가 된다고 주장하는 한편, 법 정비가 지연되면서 일본의 사업자가 이대로 사업을 추진해도 좋을지 판단하기 어렵게 하고 있다**는 견해를 제시했다. 질문에 응답한 와카미야 겐지(若宮健嗣) 디지털 전원도시 국가구상 담당 장관도 '쿨 재팬' 전략에서 NFT가 갖는 중요성은 인식하고 있으며, 기대감 또한 크다고 밝혔다. 그에 대해 다이라 의원은 NFT 시장 자체를 해외에 빼앗기지 않도록 성장 전략으로서 추진할 것을 강하게 요청했다.

차세대 인터넷인 Web3.0과 그 핵심 중 하나인 NFT에 대해 위기감을 느끼면서 정확히 연구하고, 적극적으로 추진하려는 일본 정부와 여당의 의지를 엿볼 수 있는 질문과 답변이라 할 수 있다.

Web3.0 시대의 도래

NFT가 주목을 받기까지

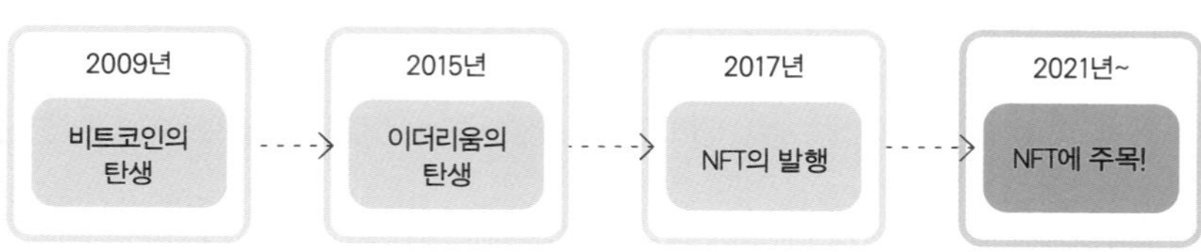

002 시대를 움직인 역사적인 거래 <에브리데이> 6,930만 달러의 충격

THE GUIDE TO NFT

▶ '유일무이'하다는 점이 가치를 높인다

2021년 3월 디지털 아티스트인 비플(Beeple: 본명 마이크 윈켈만, Mike Winkelmann) 씨의 작품 **<에브리데이(Everydays)-첫 번째 5000일>이 크리스티의 온라인 경매에서 약 6,930만 달러(약 75억 엔)에 낙찰**되었다. 이는 현존하는 아티스트의 경매 기록으로는 세 번째로 높은 가격이며, 디지털 아트 작품으로는 온라인 경매 사상 최고 금액이었다.

디지털 아트는 무한 복제가 가능하다는 특징 때문에 고액으로 거래될 수 없다는 것이 지금까지의 생각이었다. 다시 말해 유일무이한 진품이라는 증명이 가능하다면, 고액으로 거래될 가능성이 있었던 것이다. 그 증명을 가능하도록 만든 것이 **NFT(Non-Fungible Token, 대체 불가능 토큰)**라는 개념이다.

이러한 결과에 대해 비플 씨는 "아티스트들은 과거 20년 넘게 디지털 작품을 인터넷상에 올려왔지만, 작품을 실제로 소유하고, 수집할 방법이 없었다. 하지만 NFT가 등장한 덕분에 그러한 상황이 바뀌었다."는 취지의 성명을 발표했다. 또한, 크리스티의 미술 전문가인 노아 데이비스 씨는 "오늘의 결과는 크리스티에서 실시한 전폭적인 디지털 변혁을 기리기에 적절하다."고 말했다.

이 경매에는 33명이 참가했는데, 그중 신규 사용자는 91%로, 연령별로 보면 X세대(1965년~1980년생)가 33%, 밀레니엄 세대(1981년~1996년생)가 58%를 차지했다. 새로운 시대의 경매의 시작이라 할 수 있다.

참고: https://bijutsutecho.com/magazine/news/market/23726

NFT 아트는 진화하는 작품

비플(윈켈만) 씨는 디지털 아트 제작 분야에 20년 동안 몸담아 왔다. 〈에브리데이 – 첫 번째 5000일〉은 매일 1장씩 작품을 만드는 프로젝트 〈에브리데이〉를 13년 이상 계속하고, 그렇게 해서 만들어진 5,000장의 이미지를 정리하여 하나의 작품으로 구성한 것이다. 이 작품은 낙찰된 후에도 작가에 의해 아트 워크가 갱신되어 시간과 함께 진화할 예정이다.

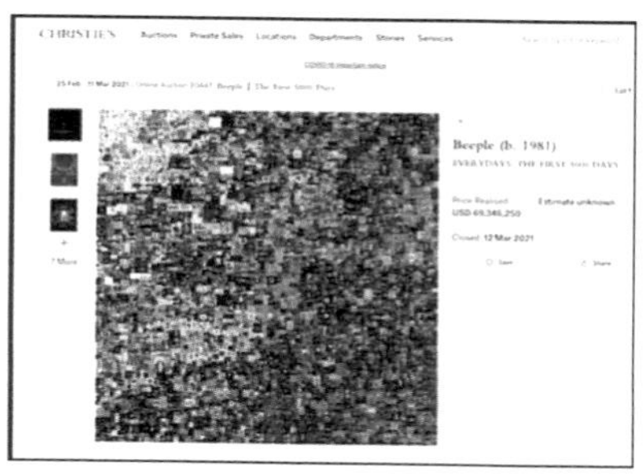

낙찰 금액을 게시한 크리스티의 사이트
https://onlineonly.christies.com/s/beeple-first-5000-days/beeple-b-1981-1/112924

〈에브리데이〉가 낙찰된 2021년 3월 11일, "세상에 이게 대체 무슨 일이야!"라고 말하는 비플 씨의 트위터.
본인은 경매의 온라인 중계를 자택에서 가족과 함께 보고 있었다.

2번째 NFT 아트도 2,890만 달러에 거래

2021년 11월 비플 씨의 작품이 크리스티에 출품되었는데, 이것도 약 2,890만 달러(한화 약 320억 원)에 낙찰되었다. 작품 〈휴먼 원(HUMAN ONE)〉은 스크린 안에서 우주복을 입은 인물이 걷는 모습을 360도 방향에서 볼 수 있도록 한 '피지컬(데이터가 아니라 실물이 존재함) 작품'이다. 2021년은 NFT가 보증하는 '유일무이'한 작품의 가치가 예술계에 정착한 한 해가 되었다.

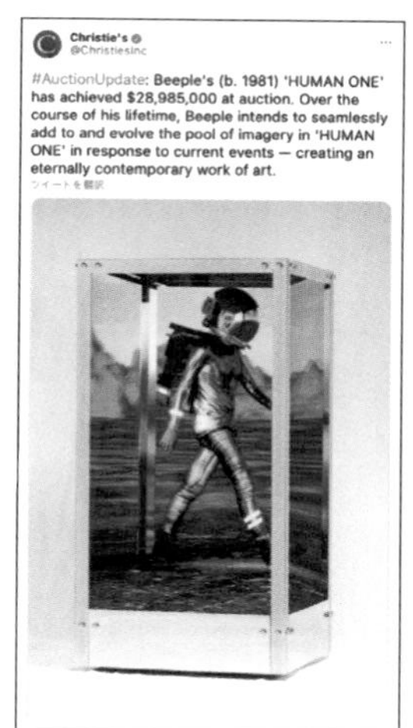

NFT 아트 〈휴먼 원〉의 고액 낙찰 소식을 전하는 크리스티의 트위터

003 NFT는 어떻게 탄생했는가?

THE GUIDE TO NFT

게임에서 비즈니스로 전환되다

〈에브리데이〉가 거액에 낙찰되면서 NFT는 단번에 유명세를 탔지만, **본래 NFT는 캐나다의 게임 앱 회사인 대퍼랩스(Dapper Labs)가 개발한 세계 최초의 블록체인 게임 크립토키티에 채용**되면서 주목을 받았다. 이는 '다마고치(たまごっち)처럼 캐릭터를 키우는 게임으로, NFT를 활용해 사용자들이 자신이 키운 고양이 캐릭터를 교배시키거나 매매할 수 있도록 한 것이다. 초기에는 1마리의 캐릭터에 약 1,200만 엔(한화 약 1억 2,000만원)이라는 높은 금액이 매겨진 적도 있다.

그런데 순식간에 거래가 늘어나자 기반이 되는 블록체인 네트워크인 이더리움(Ethereum)이 혼잡해져 거래가 원활하게 진행되지 않는 문제가 발생했다. 이는 이더리움의 수수료(보통 '가스비'라고 부른다)가 상승하는 사태로 이어져 NFT의 해결 과제로 여겨지게 되었다.

NFT 시장에서 현재 유통되고 있는 주요 콘텐츠는 **예술 작품, 게임 캐릭터나 티켓, 특별한 혜택이나 아이돌 등 팬이 존재하는 IP**(지적 재산, 타이틀이나 캐릭터 등도 가리킨다) 등이다.

그런 가운데 에이벡스 테크놀로지(Avex Technologies)의 이와나가 아사히(岩永朝陽) 대표이사는 "NFT의 진면목은 디지털 콘텐츠를 소유하는 체험을 확대하는 데에 있다."고 말한다. 예를 들어 전자책은 전용 리더기가 없으면 읽지 못하거나 원칙적으로 대여나 매매가 불가능하다는 제한이 있다. 그러나 NFT가 더욱 보급되면 실제 책처럼 원하는 곳에서 읽거나 다른 사람에게 빌려주거나 팔 수도 있게 되었다.

NFT는 블록체인이라는 기술을 기반으로 탄생

지금까지의 시스템

집중 관리를 통한 중앙집권형

지금까지의 결제나 거래 시스템에서는 모든 거래가 은행 등 제삼자 기관을 거쳐 이루어져 왔는데, 이를 '중앙집권형 시스템'이라고 한다. 제삼자 기관이 중앙의 대형 컴퓨터로 거래 데이터를 일원화 관리하는 것이다.

블록체인을 이용한 시스템

'위변조가 불가능하다'는 점이 가치를 낳는다

블록체인상의 디지털 데이터는 공개되어 상호 검증을 통해 복사나 위변조를 방지함으로써 디지털 공간에서 '가치의 교환'을 가능하게 만든다.

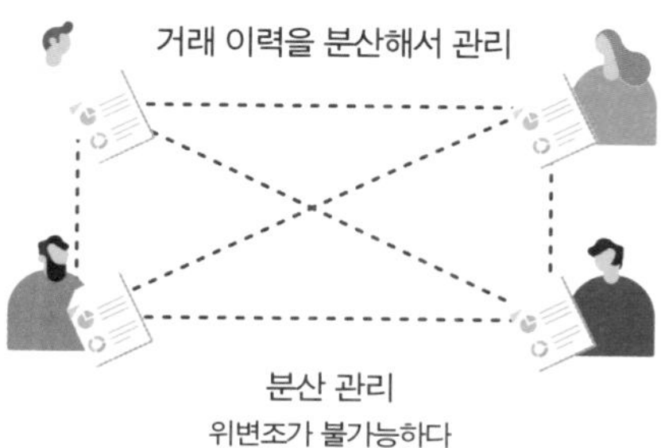

NFT는 '유일무이'하다는 점이 가치

암호자산은 '1달러=1달러'로 '가치를 교환'할 수 있고, 대체성이 있기 때문에 'FT(Fungible-Token, 대체 가능 토큰')라 불린다. NFT는 '위변조가 불가능한 유일무이한 존재'임을 나타내는 감정서와 그것을 '소유하는 권리'를 뒷받침하는 증명서가 첨부된 디지털 데이터이다.

> **NFT**
> Non-Fungible Token
> (대체 불가능 토큰)

004 THE GUIDE TO NFT

NFT와 가상화폐는 무엇이 다른가? NFT가 유일무이한 이유

▶ '스마트 계약'으로 온라인 거래가 현실화되다

NFT나 암호자산(가상화폐)이나 모두 블록체인 기술을 이용하고 있는데, 가장 큰 차이는 무엇일까?

암호자산은 FT(Fungible Token, 대체 가능 토큰)라는 카테고리에 포함된다. 이것은 화폐나 비트코인처럼 숫자로 표현하거나 집계할 수 있고, 동일한 가치를 갖는 것과 쉽게 교환할 수 있다는 특징이 있다.

한편, NFT는 세계에 하나밖에 없는 존재이다. 금액으로 환산할 수는 있지만, 대부분 그 자체를 수치화할 수 없다.

FT 중에서도 암호자산은 블록체인에 기반을 두고 있다. 블록체인이란 관리자가 없는 데이터베이스로서, **① 위변조나 복사가 불가능하고, ② 가치를 이전할 수 있고, ③ 거래를 추적할 수 있으며 누구나 열람할 수 있다**는 세 가지 특징이 있다.

한편, NFT의 경우에는 블록체인의 세 가지 특징 외에 유일무이한 존재라는 사실을 증명해야 한다. 거래와 동시에 증명서에 해당하는 것을 이용해 그 소유자를 이전시킬 필요도 있다.

이를 위해 블록체인을 응용한 **스마트 계약**이 이용된다. 스마트 계약으로 계약 행위의 내용을 사전에 정의할 수 있고, 거래가 발생하는 동시에 계약을 집행해 소유권을 이전할 수 있다.

암호자산 기반인 이더리움에는 스마트 계약의 기능이 존재하며, 크립토키티가 이더리움상에서 운용된 것은 이 때문이다.

스마트 계약이란?

NFT는 '물건'이나 '서비스'의 판매나 유통이 아니라 데이터 소유자의 증명이나 이동을 가능하게 한다. 이를 실현한 것이 '스마트 계약' 기술이다.

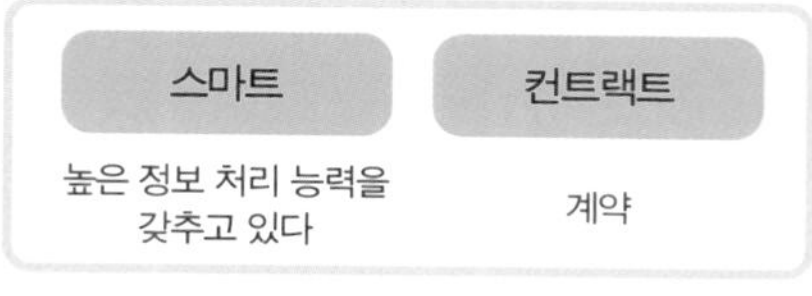

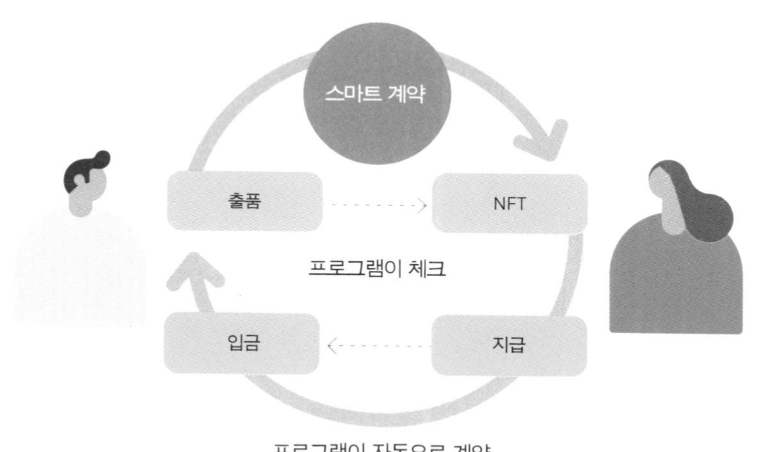

스마트 계약의 흐름

스마트 계약은 거래 과정을 자동화할 수 있어 부정 결제의 방지, 기간 단축, 효율화, 비용 삭감에도 기여할 것으로 기대되고 있다. 또한, 블록체인상의 프로그램으로서 스마트 계약을 실행하면 계약의 위변조를 사실상 방지할 수 있다.

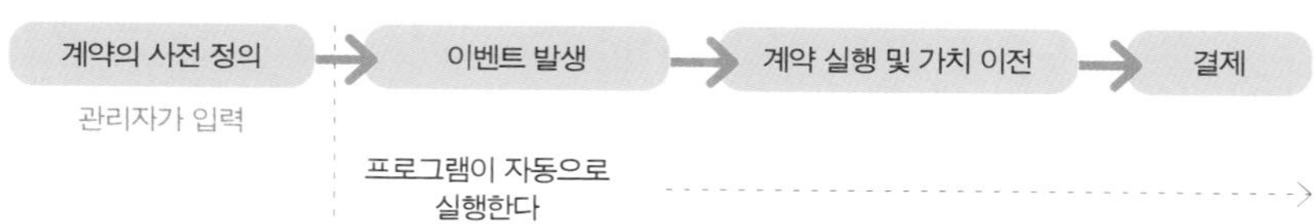

005 2020년은 'NFT의 원년' 전 세계 시장의 급성장

THE GUIDE TO NFT

전년도 대비 140% 증가한 비즈니스 시장에 기대감이 상승되다

2020년은 세계적으로 **'NFT 원년'**이라 불리며, 여러 가지 일들이 있었다. 10월에는 앞서 말한 대퍼랩스가 NBA와 공동으로 NBA 탑 샷(NBA Top Shot)의 트레이딩 카드 서비스를 제공하기 시작했다. 인기 있는 카드에는 수천만 원의 가격이 매겨져 있다. 12월에는 인기 DJ인 데드마우스(deadmau)5가 NFT를 사용한 작품을 발표하고, 많은 유명 아티스트가 그 뒤를 이었다. 그러한 흐름이 〈에브리데이〉로 이어진 것이다.

자금 조달에서는 3월에 샌드박스(Sandbox)가 200만 달러, 7월에는 소라레(Sorare)가 350만 유로, 8월에는 대퍼랩스가 1,200만 달러, 11월에는 민트베이스(Mintbase)가 100만 달러를 각각 조달했다. 이러한 흐름 가운데 NFT 시장은 2020년에 급격히 성장했다. 총 거래액이 전년도에 비해 299%로 증가하며 급성장을 이루었다. 또한, 시장 규모는 **2019년의 약 2.4배인 약 3억 3,800만 달러**로 확대되었다.

이러한 기세를 타고 2021년에는 일본의 NFT 시장도 빠른 속도로 형성되기 시작했다. 8월에는 그룹 퍼퓸(Perfume)이 경매에 NFT 아트를 차례로 내놓았고, 같은 달에 샤치하타(シャチハタ)가 와세다 리걸 커먼(早 田リーガルコモンズ) 법률 사무소와 NFT를 활용한 전자인감을 공동 개발한다고 발표하기도 했다. 9월에는 세이부 라이온스(西武ライオンズ)가 NFT 상품을 판매하기 시작했다. NFT 거래소도 잇달아 문을 열었다. 7월에는 컬렉션 KLKTN, 8월 말에는 아담 바이(GMO), 그 밖에 라인(LINE)이나 라쿠텐(楽天) 그룹, 아소비 시스템(アソビシステム, 소속 아티스트로서 큐리파뮤파뮤きゃりーぱみゅぱみゅ가 유명) 등도 NFT 시장에 참가한다고 발표했다. 전 세계뿐만 아니라 일본에서도 당분간 이 기세가 지속될 듯하다.

빠른 속도로 확대한 NFT 시장의 규모

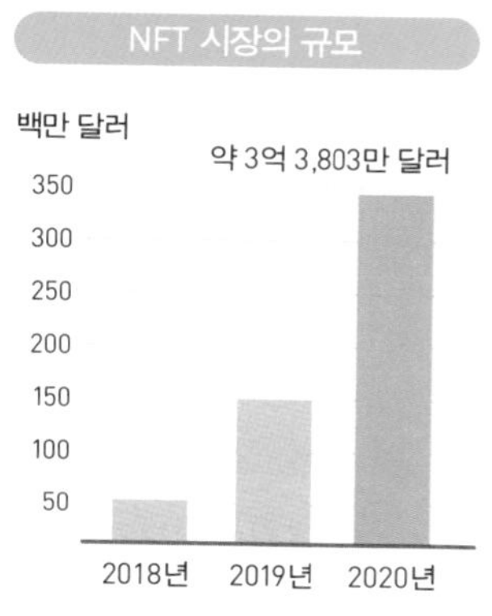

출처 : Non-Fungible Tokens Yearly Report 2020

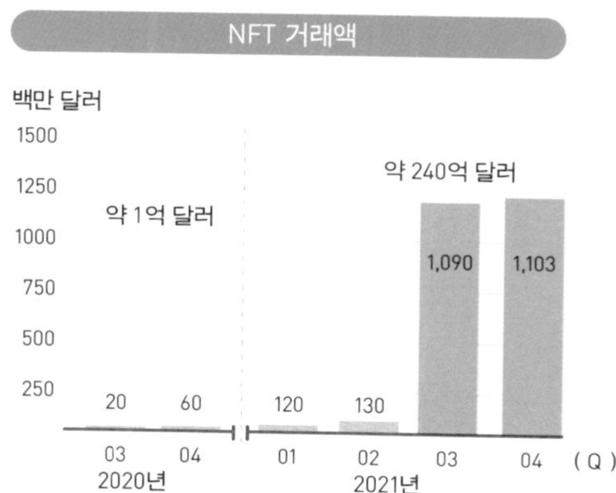

출처 : RADAR Whitepaper

NFT 시장에 참여한 인기 IP 및 브랜드

분야	IP	브랜드
비디오 게임 스튜디오	캡콤	스트리트파이터
비디오 게임 스튜디오	스퀘어 에닉스	샌드박스
스포츠	포뮬러1	에프원 델타 타임
스포츠	NBA	NBA 탑 샷
스포츠	레알 마드리드	소라레
패션	나이키	크립토킥스
패션	LVMH	루이비통, 크리스티앙 디오르
엔터테인먼트	BBC 스튜디오	닥터후
엔터테인먼트	워너뮤직	인베스트먼트 인 대퍼
아트	크리스티에	NFT-바운드 아트워크
아트	데드마우스	NFT 콜렉티블스 론치드 온 WAX
인프라스트럭처	마이크로소프트 애저	애저 히어로즈
인프라스트럭처	IBM	커스텀 블록체인 위드 NFT 서포트
인프라스트럭처	삼성	월넷 서포팅 NFT

006 NFT 거래는 아직 발전 중 향후의 개선과 정비 기대

THE GUIDE TO NFT

▶ 스마트 계약으로 법적 권리가 담보되다

NFT의 데이터 구조를 간단히 설명하면 인덱스 데이터, 메타 데이터, 대상 데이터의 3층 구조를 이루고 있다. 인덱스 데이터는 소유자의 주소와 메타 데이터 링크를 보유한 데이터이다. 또한, 메타 데이터는 NFT에 관한 정보(이름이나 설명)와 대상 데이터의 링크를 보유한 데이터이다.

이들의 일부 또는 전부가 블록체인상에 기록되는데, 보통은 이더리움의 '가스비'가 비싸기 때문에 인덱스 데이터만 기록하는 케이스가 늘고 있다.

또한, 법적 권리는 NFT의 디지털 데이터와는 별도로 부여되는 형식을 갖추고 있다. 그래서 권리를 확실히 이전하려면 스마트 계약과 같은 구조가 필요하다.

따라서 NFT에서는 다음 네 가지가 가능하다. **① 디지털 데이터에 유일무이하다는 성격을 부여할 수 있다**(단, 인덱스 데이터+메타 데이터+대상 데이터 세트일 경우), **② 위변조가 불가능하다**(단, ①과 마찬가지로 세 개 전체일 경우), **③ 스마트 계약을 이용해 2차 유통 수수료를 1차 창작자에게 지급하는 등 여러 기능을 부여할 수 있다, ④ 특정 플랫폼에 의존하지 않는다**(단, 실제로는 대부분 특정 플랫폼상에서 거래한다).

현시점에서 NFT는 아직 발전하는 과정에 있으며, 대상 데이터가 위변조되거나 데이터가 사라질 위험성도 있고, 권리가 확실히 이전되지 않는 케이스도 있지만, 향후 빠르게 개선 및 정비될 것으로 기대된다.

NFT의 데이터 구조

인덱스 데이터, 메타 데이터 및 대상 데이터의 3층 구조이다. 이들의 일부 또는 전부가 블록체인상에 기록되는데, 이더리움의 '가스비'가 비싸기 때문에 인덱스 데이터만 블록체인상에 기록하는 경우가 많다.

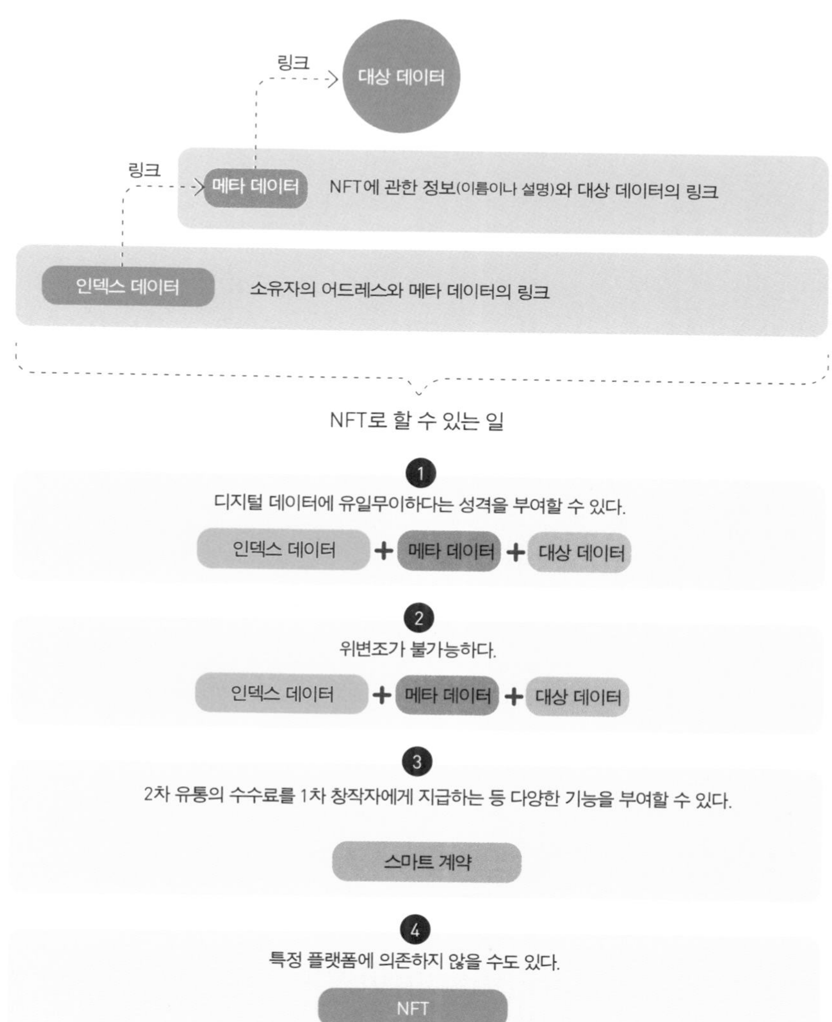
링크
대상 데이터
링크
메타 데이터
NFT에 관한 정보(이름이나 설명)와 대상 데이터의 링크
인덱스 데이터
소유자의 어드레스와 메타 데이터의 링크
NFT로 할 수 있는 일
1
디지털 데이터에 유일무이하다는 성격을 부여할 수 있다.
인덱스 데이터 + 메타 데이터 + 대상 데이터
2
위변조가 불가능하다.
인덱스 데이터 + 메타 데이터 + 대상 데이터
3
2차 유통의 수수료를 1차 창작자에게 지급하는 등 다양한 기능을 부여할 수 있다.
스마트 계약
4
특정 플랫폼에 의존하지 않을 수도 있다.
NFT

007 계속 확대되는 NFT 비즈니스 '아트' 경매 및 판매 활발

THE GUIDE TO NFT

▶ 잇달아 경매에 등장하다

〈에브리데이〉 이후에도 NFT 디지털 아트 작품이 고가에 거래되는 사례가 뒤를 잇고 있다. 현재 오픈씨(OpenSea) 등의 시장에서 **여러 디지털 아트의 경매나 판매가 이루어지고 있으며**, 새로운 비즈니스 기회로 주목을 받고 있다.

2021년 4월에는 AI 휴먼 사업 '원 에이아이(ONE AI)' 등을 전개하는 원섹(1SEC)이 NFT로 버추얼 스니커즈를 발매했다. 구입해도 신을 수 없고, 감상만 할 수 있는 스니커즈인데도 경매 시작 9분 후 약 140만 엔(한화 약 1,400만원)에 판매되었다. 암호자산인 도지코인(Dogecoin)의 오리지널 이미지(시바견 그림)는 2021년 5월 31일에 경매에 출품되어 6월 11일에는 4억 엔(한화 약 40억원) 이상의 가격이 되었다.

이처럼 고가에 거래될 뿐만 아니라 한 번 시장에 나온 후에도 해당 NFT 아트가 매매될 때마다 스마트 계약을 이용해 **거래 금액의 일부를 NFT 아트의 1차 창작자에게 지급할 수 있다.** 그래서 NFT 아트를 활용하려는 아티스트들이 늘어나고 있다.

아울러 실제 아트도 마찬가지지만, NFT 아트도 저작권 자체는 양도되지 않는 경우가 많다는 점에 주의해야 한다. 그러므로 구입자는 어떤 권리가 허락되어 있는지 확실히 확인한 후에 구입해야 권리 침해 등 법적 문제를 방지할 수 있다. 또한, 대상 데이터 자체가 복사될 위험성이 높기 때문에 희소성을 어떻게 담보하고 있는지도 확인하고 구입할 필요가 있다.

‘원섹(1sec)’의 버추얼 스니커즈

원섹이 일본에서 수집가용 버추얼 스니커즈를 판매했다. 업체는 히피 운동에서 아이디어를 얻었다고 한다.

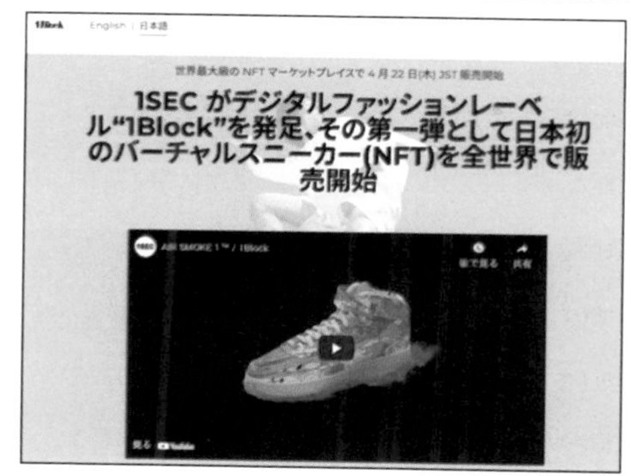

https://1block.1sec.world/ja

그 유명한 시바견 이미지를 NFT로 자선 경매에 출품

전 세계 애견가에게 ‘도지(Doge)’라는 애칭으로 사랑받아 온 시바견 ‘가보스짱(かぼすちゃん)’ 이미지의 저작권자(가보스짱의 주인)에게 ‘NFT화’ 제안이 쇄도해, 자선 경매가 2021년 6월 8일에 이뤄졌다.

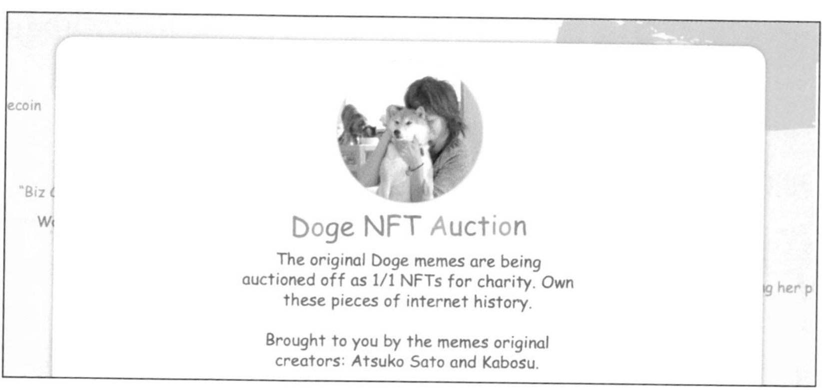

https://very.auction

008 계속 확대되는 NFT 비즈니스 '게임' 게임 간 아이템 거래 가능

THE GUIDE TO NFT

▶ 게임을 플레이해 수익을 낼 수도 있다

NFT를 활용한 게임은 그 기반 기술의 이름을 따서 **'블록체인 게임'**이라 불린다. 구체적으로는 게임 안에서 이용할 수 있는 아이템 등이 블록체인 기술을 응용한 NFT로 발행되어 NFT를 취급하는 플랫폼상에서 거래를 할 수 있는 게임이다.

블록체인 게임의 선구자라 할 수 있는 것이 앞서 말한 크립토 키티이다. 이는 2017년 겨울에 출시되어 NFT를 세상에 알리는 계기가 되었다.

현재 일본에서는 많은 이들이 크립토 스펠스(Crypto Spells)나 마이 크립토 히어로즈(My Crypto Heroes), 엑시 인피니티(Axie Infinity), 샌드박스, 소레어 등의 게임을 플레이한다.

지금까지 온라인 게임에서는 게임 회사가 중앙 집권적으로 아이템 등을 발행 및 관리했었지만, 블록체인 게임의 경우에는 **게임 회사의 플랫폼을 떠나 아이템 등을 거래할 수 있다**는 것이 크게 다른 점이다. 복수의 게임에서 아이템이나 캐릭터를 상호 이용할 수 있는 서비스도 제공되고 있다.

그래서 게임을 플레이해 수익을 내려는 다수의 이용자들이 나타났다. 희귀 아이템이나 캐릭터를 NFT 시장에 출품해 암호자산으로 바꿀 수 있기 때문이다. 또한, 게임 안에서 암호자산을 획득할 수 있는 경우도 있다. 엑시 인피니티가 대표적인데, 실제로 이 게임을 해서 생계를 유지하는 이들도 늘고 있다.

또한, 원론적으로는 이전 등도 가능하지만, 이용 규약으로 금지되어 있는 경우도 있으므로, 구입하려는 NFT로 어떤 권리를 취득할 수 있는지 정확히 확인해야 할 것이다.

지금까지의 온라인 게임과 블록체인 게임의 다른 점

지금까지의 온라인 게임		블록체인 게임
• 게임 회사가 관리한다. • 게임에서 벗어나서는 존재할 수 없다. • 사용자가 자유롭게 이전, 매각, 대여 등을 할 수 없다.	자산	• 게임 사용자가 NFT로 보유한다. • 게임 밖에서도 이전, 매각, 대여가 가능하다. • 제삼자도 NFT를 이용해 서비스를 제공할 수 있다.
• 사용자 본인의 시간과 비용를 들여 축적한 데이터지만, 게임 전송이 종료되면 이용할 수 없다.	지속성	• (블록체인이 존속하는 한) 게임 자산을 지속적으로 이용할 수 있다.
• 사용자가 데이터를 위변조해서 캐릭터를 강화하는 부정이 가능하다.	안전성	• 블록체인의 위변조 방지 구조로 부정이 불가능하다.

※게임 자산: 아이템이나 캐릭터 정보 등 사용자가 게임상에서 보유할 수 있는 데이터 자산

인기 있는 블록체인 게임

크립토 스펠스(Crypto Spells)

크립토 게임(Crypto Games)이 제공하는 일본에서 시작된 트레이딩 카드 게임

게임 안에서 입수할 수 있는 카드가 NFT로 되어 있어 희귀 카드를 NFT 시장에서 판매함으로써 수익을 낼 수 있다. 카드 발행권이 있으면 오리지널 카드를 발행할 수 있다. 사용자가 투표해서 카드의 파라미터 등을 조정할 수 있는 비중앙집권형 게임.

엑시 인피니티(Axie Infinity)

엑시(Axie)라는 몬스터로 싸우는 배틀 게임

블록체인 게임 중에서 활동 사용자 수와 이더리움 거래액이 가장 많은 게임(2021년 8월 현재). 플레이하여 SLP와 AXS라는 암호자산을 획득할 수 있다. AXS는 해당 연도 최고의 가격 상승폭이 70배를 넘었다. 'Play to Earn(놀면서 돈을 번다)'이라는 말을 유행시킨 게임.

마이 크립토 히어로(My Crypto Heroes)

더블 점프닷도쿄(double jump.tokyo) 주식회사가 개발해 제공하는 일본에서 시작된 블록체인 MMORPG(대규모 인원이 동시에 참가하는 온라인 RPG)

이더리움을 바탕으로 하는 블록체인 게임으로서 거래액, 거래량, DAU(Dairy Active Users)에서 세계 1위를 기록했다. '게임에 들인 시간과 돈, 열정이 당신의 자산이 되는 세계'를 슬로건으로 하며, 게임 자산을 자유롭게 보유, 교환, 매매할 수 있다. 2018년에는 텔레비전 CM이 방송되었다.

샌드박스(The Sandbox)

개방된 3D 세계 안에서 건물이나 오리지널 게임을 만들 수 있는 게임

게임 안의 토지가 현실 세상의 부동산처럼 거래된다. 2021년 4월에는 코인체크(Coincheck)가 팔기 시작한 토지 33구획이 8분 만에 완전히 판매되어 화제가 되었다. 복셀 아트라 불리는 직방체를 조합한 NFT 아트를 제작해 판매할 수도 있다.

참고 : https://www.fisco.co.jp/media/crypto/nftgame-about/

009 계속 확대되는 NFT 비즈니스 '스포츠' 코로나 상황 속에서 스포츠 사업 가속화

THE GUIDE TO NFT

▶ 스포츠 사업에서 중요한 수익원 중 하나로서 NFT가 주목받고 있다

스포츠 분야에서도 NFT는 크게 성장하고 있다. 특히 코로나 상황에서는 시합이나 스포츠 이벤트가 중지되거나 무관중으로 개최할 수밖에 없는 등 스포츠 비즈니스에 대한 타격이 큰 가운데 중요한 수익원 중 하나로서 NFT가 주목을 받아왔다.

앞서 말한 NBA 탑 샷에서는 2021년 4월까지 거래 총액이 6억 달러를 넘었다. 르브론 제임스(LeBron James) 선수의 경기 하이라이트 쇼트 동영상에는 약 21만 달러의 고액이 붙어 화제가 되었다.

비슷한 움직임은 프로야구인 MLB에도 나타나 엠엘비 크립토 베이스볼(MLB Crypto Baseball)이라는 게임이 개발되었다. 게임과 스포츠의 연결로 보자면 트레이딩 카드 게임 소레어도 스포츠 비즈니스의 하나로 볼 수 있다.

축구에서는 암호자산을 이용해 스포츠 클럽과 팬이 교류하는 프로젝트 칠리즈(Chiliz, 암호자산의 이름이기도 하다)가 있다. 칠리즈는 팬 토큰이라 불리는 암호자산으로, 이를 보유하면 여러 가지 특혜를 받을 수 있다. 칠리즈는 일본의 암호자산 거래소 코인체크와 제휴를 맺고 있어 코인체크에 대한 칠리즈의 상장이 기대되고 있다.

스포츠 분야에서도 **일반적으로 저작권은 양도되지 않기** 때문에 예를 들어 하이라이트 쇼트 동영상을 구입해도 그것을 자사의 광고에 사용할 수 없다는 제약이 발생한다. 나아가 스포츠 분야에서 특히 조심해야 할 점은 퍼블리시티권(The Right of Publicity: 초상이나 성명, 목소리 등 개인의 인격적 속성이 갖는 경제적 가치에 대한 상업적 이용을 통제할 수 있는 권리-옮긴이)의 문제이다. **선수의 권리를 침해하는 콘텐츠가 아닌지 분명히 확인할 필요**가 있다.

▶ 일본 스포츠계의 움직임

야구

세이부 라이온스는 2021년 9월에 '라이온스 컬렉션(LIONS COLLECTION)'를 개설했다. 일본 프로야구계 최초로 구단의 공식 NFT 콘텐츠를 판매하고 있다. 장래에는 팬들 간의 콘텐츠 매매나 양도가 가능한 2차 유통 기능을 부여할 예정이다.

'2021 드래프트 신규 입단 선수 발표회 영상 전체 선수 소개 ver'
판매 수 10. 가격 1만 엔(한화 약 10만원)
https://lions.plmcollection.com/products/detail/234

축구

블록체인 게임을 공동 개발하고 있는 원스포츠(OneSport)와 악셀마크(Axelmark)는 2021년 8월에 J리그와 라이선스 계약을 체결했다. J1, J2 소속의 전체 42개 클럽, 800명 이상의 선수가 시뮬레이션 게임에 실사 및 실명으로 등장했다. 사용자는 자신의 클럽 팀을 만들어 선수를 등록하고, 리그 우승을 목표로 게임을 플레이할 수 있다. 유명 선수나 자신이 키운 강력한 선수의 희소성이 가치를 낳는다.

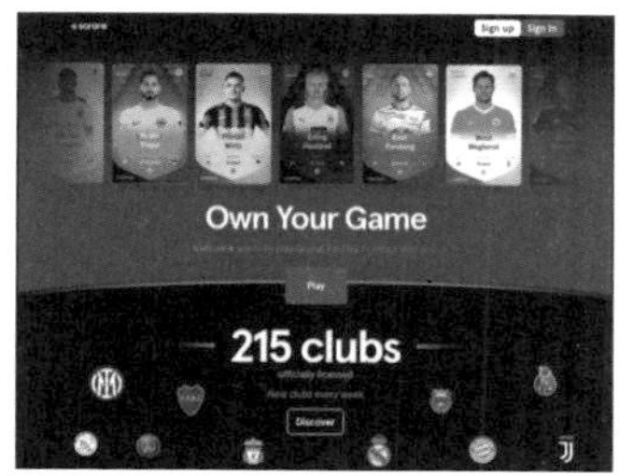

2018년에 프랑스에서 개발된 NFT를 활용한 판타지 축구 게임 '소레어'. 플레이어는 NFT 시장에서 선수의 카드를 구입해 가상의 팀을 설정한다. 실제 시합에 참가한 선수의 활약 결과로 획득하는 점수를 겨룬다.
https://sorare.com/r/outcome

010 NFT 비즈니스의 전체상 관련된 전 영역에서 희미해지고 있는 경계

THE GUIDE TO NFT

▶ NFT 비즈니스는 3층 구조로 되어 있다

NFT 비즈니스에는 크게 세 개의 계층이 있다.

먼저 가장 아래에 인프라가 되는 기술과 구조가 존재한다. NFT의 경우에는 이더리움이 대표적이지만, 다른 블록체인도 있고, 거래에 필요한 월렛 등의 기술도 존재한다.

그 기반 위에서 콘텐츠가 거래된다. 직접 거래도 가능하기는 하지만, 기술 면이나 거래의 안전성 등의 면에서 현실적이지 않으므로, **NFT 시장이나 암호자산의 플랫폼과 같은 거래소를 경유해 거래**하게 된다.

콘텐츠는 지금까지 살펴본 것처럼 현시점에서는 아트, 게임, 스포츠 관련이 많다. 다만, 스포츠라 해도 아트에 가까운 것이 있는가 하면 게임 자체로도 존재한다. 단순하게 분류하기는 곤란하며, 카테고리의 경계가 희미해지면서 **더욱 희소성 높은 콘텐츠를 만들려는 움직임**을 볼 수 있다.

한편, 앞으로는 **희소성보다 편리성을 요구하는 움직임도 활발해질 듯**하다. 앞서 예로 든 전자책의 양도, 매매, 대여 등을 가능하도록 하기 위해 NFT를 활용하려는 것이 그 일례이다.

콘텐츠 카테고리의 경계가 모호해지는 동시에 NFT의 세 층을 수직통합하려는 움직임도 있다. 앞서 소개한 크립토 키티를 만든 대퍼랩스는 게임이나 엔터테인먼트용으로 플로우(flow)라고 하는 블록체인 플랫폼을 제공하고 있다. 또한, 거래소인 NBA 탑 샷도 운영하고 있다.

NFT 비즈니스의 3층 구조

사업자에 따라 '콘텐츠', '거래소', '인프라'의 세 층 전체를 취급하는 경우나 '콘텐츠', '거래소', 또는 '거래소', '인프라'의 두 층을 취급하는 경우도 있다. '대퍼랩스'처럼 모든 분야를 수직통합하고 있는 사업자는 닌텐도(任天堂)의 수직통합 비즈니스와 비슷해 '닌텐도 모델'로도 불린다.

경계가 모호해지는 콘텐츠 카테고리

❶ 디지털 아트와 같은 희소성에 바탕을 둔 고액 거래, ❷ 게임 아이템 등을 자산화하는 소액 거래(일부 프리미엄 콘텐츠도 존재), ❸ 비즈니스용 툴(SaaS)로 이용 수수료를 받는 BtoB 비즈니스이다. 현시점에서는 고액 거래가 화제가 되는 NFT지만, 앞으로는 사용자의 편리성을 추구하는 소액 거래나 비즈니스가 늘어날 것으로 생각된다.

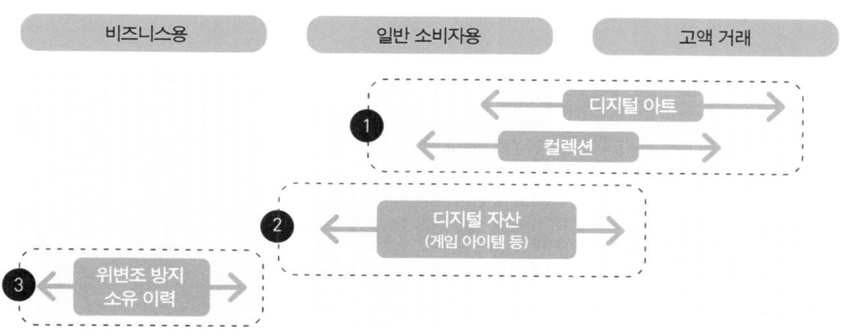

참고 : https://note.com/strive/n/n2933a1b97629

011 NFT 비즈니스의 로드맵 새로운 경제권의 확립과 부가가치 부여

THE GUIDE TO NFT

야후 옥션!에서도 NFT 콘텐츠를 거래할 수 있게 될 것이다

NFT 비즈니스는 어떤 방향으로 나아가게 될까? 한발 앞선 기업을 구체적인 예로 들어 살펴보자.

대퍼랩스와 마찬가지로 **수직통합**을 목표로 하고 있는 곳이 라인(LINE)이다. 라인은 독자적인 블록체인 플랫폼을 구축해 그 안에서 독자 통화로 사용할 수 있는 암호자산인 링크(LINK)를 개발했다. 월렛(NFT나 암호자산을 저장하는 전자 '지갑')인 라인 비트맥스 월렛(LINE BITMAX Wallet)도 독자적으로 개발해 블록체인 엔지니어가 아니라도 블록체인 게임을 만들 수 있는 개발 기반도 제공하고 있다. 나아가 2021년 6월에는 라인 비트맥스 월렛 내에 NFT 시장 β(2022년 4월부터 라인 NFT)라는 마켓도 개설했다. 또한, 야후 옥션!에서는 NFT 콘텐츠를 거래할 수 있게 될 것이라고 발표했다.

라인의 목표는 **콘텐츠를 매매하기 위한 경제권을 구축**하는 것이다.

한편, **기존 상품에 부가가치를 부여하기 위해 NFT를 활용하려는 움직임**도 나타나고 있다. 클래식 종합 정보지 「부라아보(ぶらあぼ)」를 발행하는 부라아보 홀딩스의 자회사인 저작권료 뱅크(Royalty Bank)의 NFT 노벨티(Novelty) 사업이 그 구체적인 예이다.

화장품의 노벨티(사은품)나 잡지의 부록 등에 NFT로 만든 디지털 콘텐츠를 제공할 수 있도록 하는 기능이다. 그 기반이 되는 기술이 저작권료 뱅크가 특허 출원한 대량의 디지털 콘텐츠를 단번에 NFT화하는 기술이다. 실제 상품에 QR 코드가 붙은 카드를 첨부해 NFT를 획득하는 구조이다.

‘라인’이 2022년 봄부터 서비스를 시작한 NFT 종합 시장 ‘라인(LINE) NFT’

NFT의 세 층을 통합한 서비스이다. 기존의 라인 앱 안에서 NFT를 간단하게 이전할 수 있다는 점에서 부가가치가 크다. 사용자나 파트너 기업이 자발적으로 참가하고 싶게 만드는 비즈니스 환경을 제공한다.

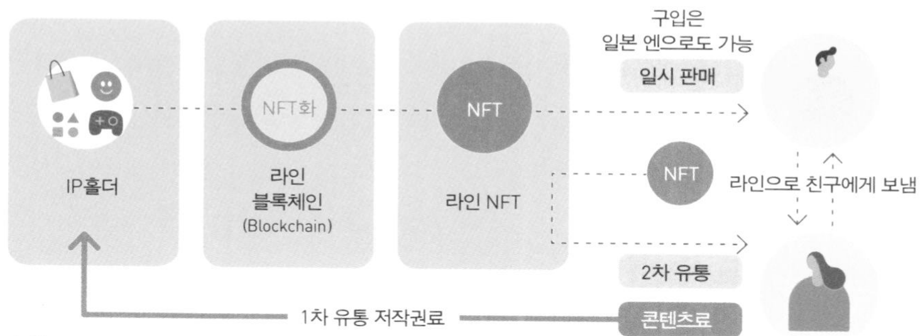

출처 : https://prtimes.jp/main/html/rd/p/000003509.000001594.html

저작권료 뱅크의 네 가지 NFT 사업

인세 거래를 중개하는 ‘저작권료 뱅크’는 네 개의 NFT 사업을 전개하고 있다. NFT의 기술을 이용해 ‘콘텐츠 작품의 출처를 분명히 해서’, ‘그 가치를 보증하고’, ‘적절히 관리하여’, ‘가치를 담보한다’고 한다.

복제화 사업 ‘마스터디그(MasterDig)’	• NFT로 유일무이한 존재라는 사실을 증명. • NFT에 거래 조건을 기록해 자기 회사가 운영하는 2차 시장(다빈치)에서 전매가 가능토록 한다. 전매 시에 아티스트에게도 이익을 환원한다.
노벨티 사업	• 대량 발행한 NFT를 다양한 노벨티에 첨부해 ‘유일무이한 노벨티’로서 상품 가치를 높인다(특허 출원 중). • NFT를 보유한 사용자와의 활발한 커뮤니케이션도 가능하다.
버추얼 뮤지엄 사업	• 가상공간에 개설된 미술관에 전시된 아트 작품에 NFT를 부여해 관리 및 판매. • 아티스트 스스로 자유롭게 작품을 전시한다. 사용자는 작품을 감상하고, 구입도 가능하다.
경매 사업 ‘다빈치’	• NFT화된 한 점의 아트 작품을 경매에서 판매. • 복제화 사업, 버추얼 뮤지엄의 2차 시장으로도 활용할 수 있다.

참고 : https://www.royaltybank.co.jp/nft

012 모든 창작가의 수익을 담보하는 시스템

THE GUIDE TO NFT

▶ 매매 후에도 창작가가 콘텐츠를 컨트롤할 수 있다

NFT를 뒷받침하는 기술인 블록체인은 '인터넷의 차세대 혁명'이라고 불리는데, 어떤 점에서 뛰어난 것일까? 그 답은 **중앙집권적인 조직이 존재하지 않고, 불특정 다수의 사용자가 분산적으로 네트워크로 연결되어 있을 뿐인데도 신뢰성이 담보된다**는 점이라고 할 수 있다.

아티스트가 자신의 작품을 기존의 인터넷에 올릴 경우, 그것이 비록 유료 판매 사이트라고 하더라도 아티스트는 자신의 작품을 제어할 수 없게 된다. 어디선가 불법 복제되고 있을지도 모른다. 어디서 어떻게 사용되고 있는지 모든 걸 파악하기가 어렵다.

그런데 블록체인의 경우에는 **불법 복제나 위변조 모두 사실상 불가능**하고, 콘텐츠가 누구에게서 누구로 이전되었는지도 추적할 수 있다.

작품이 이전되지 않도록 제한을 걸어 둘 수도 있고, 개수를 한정해 판매할 수도 있다. NFT 아트처럼 유일무이한 희소성을 보증할 수도 있다.

또한, 블록체인상에서는 창작가나 사업자가 협업해서 희소한 가치를 창출하기도 쉽다. 누가 무엇을 부가했는지 흔적이 전부 남기 때문에 권리 관계에 관한 문제가 줄어들기 때문이다.

또한, 한 기업이 권리를 매니지먼트 하는 경우에는 서비스가 종료되면 끝이지만, 블록체인의 경우에는 영구적으로 남기 때문에 창작가 입장에서는 더욱 안심할 수 있을 것이다.

▶ 정부도 주목하는 아트 시장 활성화를 위한 NFT

2022년 2월 일반사단법인 JCBI(Japan Contents Blockchain Initiative)는 내각부 지적재산 전략본부 '디지털 시대의 저작권 제도 및 관련 정책의 형태 테스크 포스'와 문화청 저작권과의 문화심의회 저작권 분과회 '기본 정책 소위원회'에서 과제와 대책, 콘텐츠 산업의 올바른 형태에 대해 제언했다.

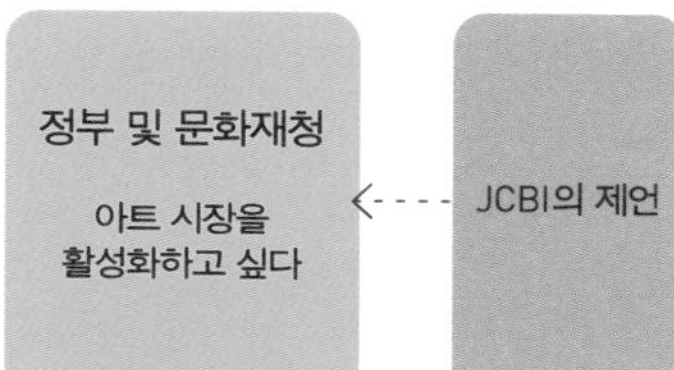

콘텐츠×NFT의 가능성

- 디지털 콘텐츠의 고액 판매
- 디지털 콘텐츠를 다양한 기업의 서비스에 걸쳐 이용할 수 있는 사용자 체험 제공

콘텐츠 업계가 NFT를 도입하는 목적

- 투기
- UX(사용자 경험)의 DX(디지털)화

▶ 창작자의 권리를 지키기 위한 NFT 서비스

'스타트반(Startbahn)'은 블록체인을 사용해 예술 작품의 진정성과 신뢰성을 담보하는 구조를 제공한다. 스타트반의 '스타트레일(Startrail)'은 블록체인 기술을 활용해 예술 작품을 평가, 유통하기 위한 플랫폼으로, 예술 작품을 다루는 전 세계 모든 업체가 작품 정보를 등록할 수 있다.

https://startrail.io

'스타트레일'에서 디지털 증명서를 발행하면 작품의 소유권 증명, 내력에 관한 기록을 비롯한 여러 기능을 활용할 수 있다.

- 증명서는 블록체인에 기록. 반영구적으로 저장되며, 기존의 서면 증명서보다 위변조, 복제, 분실 위험이 감소한다.
- 증명서에 매매, 양도 등의 이력이 자동으로 기록. 작품의 가치나 신뢰에 관한 정보를 남긴다.
- 창작자나 관리자가 '증명서'를 발행할 때에 규칙을 설정. 작품의 원활한 2차 유통 관리나 저작권 관리가 가능하다.
- 물리적인 증명서로 작품과 블록체인상의 정보를 연계해 오프라인에서 증명서 이전도 가능하다.

아트 판매에 관련된 서비스
아트 E 커머스 경매 하우스
갤러리 예술품 중개인

아트 관련 금융 서비스
아트 보험 증권화 및 분할화
아트 신탁 아트 담보 융자

작품의 물리적인 보관, 가치 보전, 교육 등에 관한 서비스
감정 및 수리 서비스 보관 및 수송 서비스
교육기관 미술관

기타 서비스
웹 서비스 스마트폰 앱 웹 서비스
스마트폰 앱

참고 : https://cgworld.jp/interview/202103-blockchain-art01-3.html

Column

출품자 및 소유자 입장에서의 이점과 단점

NFT화의 이점과 단점을 정리해 보자.

NFT화의 이점에는 크게 다섯 가지가 있다.

① 디지털 데이터의 유일성을 증명할 수 있다

블록체인의 사실상 위변조가 불가능하다는 성격 때문에 복제할 수 없어 유일성을 담보할 수 있다.

② 데이터에 부가가치를 부여할 수 있다

스마트 계약으로 부가가치를 부여할 수 있다.

③ 거래하기 쉽다

NFT의 포맷이 규격화되어 있기 때문에 호환성이 높다.

④ 누구나 작성할 수 있다

실제로 초등학생이 여름방학 숙제로 그린 일러스트가 고가에 팔렸다.

⑤ 파손이나 분실 위험이 없다

디지털 데이터이므로, 화재 등으로 인해 물리적으로 파손될 일이 없다.

또한, NFT의 단점(과제)으로는 세 가지가 있다.

① 법적으로 완전히 정비되어 있지 않다

급속하게 성장한 시장이기 때문에 법적인 정비가 성장 속도를 따라잡지 못해 NFT의 소유가 법률상 어떤 권리를 나타내는지를 두고 분쟁이 발생할 위험이 있다.

② 가스비가 오르기 쉽다

이더리움의 '가스비' 상승은 NFT의 큰 문제이다.

③ 물리적으로 소유할 수 없다

기본적으로 모니터를 통해 보는 것이므로, 소유했다는 실감을 느끼기 어렵다.

PART 2

NFT를 이해하기 위해 알아야 할 거래와 기술의 구조

013 암호자산과 NFT의 차이

THE GUIDE TO NFT

▶ NFT를 규정하는 토큰 규격은 ERC-721이다

NFT의 구조에서 암호자산(가상화폐)을 알고 있다면 NFT와 무엇이 다른지 생각해 보면 알기 쉬울 수도 있다. 둘 사이의 큰 차이점은 앞서 설명했지만, 대체 가능(fungible)과 대체 불가능(non-fungible)이라는 점이다.

예를 들어 대체 가능한 비트코인의 경우에는 누가 소유하건 1 비트코인에는 1 비트코인의 가치가 있어 동일한 가치로 교환이 가능하다. 한편, 금메달 선수의 사인이 들어간 티셔츠나 피카소의 서명이 들어간 진품은 유일무이한 가치를 갖고 있기 때문에 다른 것이 대신할 수 없다. 가치가 같아 보이는 것과 교환할 수는 있지만, 그것은 객관적인 가치가 아니라 경매 등 행위의 결과로 정해지는 가치이다.

NFT의 T는 token의 약어이다. 토큰은 한글로 번역하기 어려운 단어로, 증거, 기념품, 대용 화폐, 교환권, 상품권 등 다양한 것들을 가리키는 '일종의 표시'라는 뜻이다.

토큰을 발행할 때는 토큰 규격이 채택된다. **암호자산 등 대개의 ERC 토큰은 ERC-20**이라는 규격이 채택되는데, **NFT의 경우에는 ERC-721 규격**이 많이 채택된다. ERC란, Ethereum Request for Comments의 약어로, 이더리움에 있어 스마트 계약의 규격이다.

NFT의 특징으로 **유일성, 거래 가능성, 상호 운용성(호환성), 프로그래머빌리티(Programmability, 프로그램으로 짤 수 있다)**의 네 가지를 들 수 있다. 이 중 상호 운용성은 ERC-721에 기인한다.

NFT의 'N'은 '불가능'

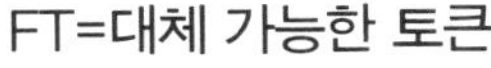

FT=대체 가능한 토큰

대체 가능 = 동일한 가치

화폐의 백 달러 지폐'는 다른 '백 달러 지폐'와 가치가 같다. 비트코인 등의 암호자산도 마찬가지이다.

자신의 1BTC = 타인의 1BTC

'대체 가능'하다라는 말은 '고유성'이 없다는 뜻이다. 가치가 같은 것들이 여러 개 존재한다.

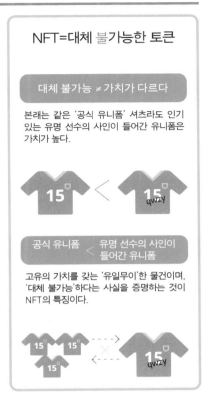

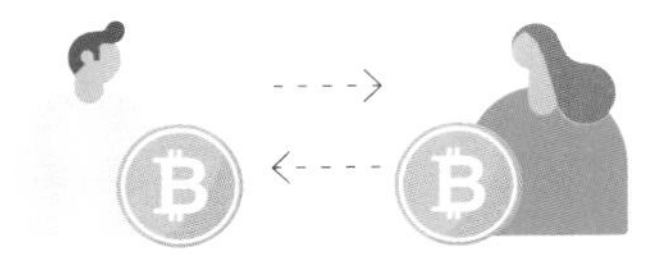

NFT=대체 불가능한 토큰

대체 불가능 ≠ 가치가 다르다

본래는 같은 '공식 유니폼' 셔츠라도 인기 있는 유명 선수의 사인이 들어간 유니폼은 가치가 높다.

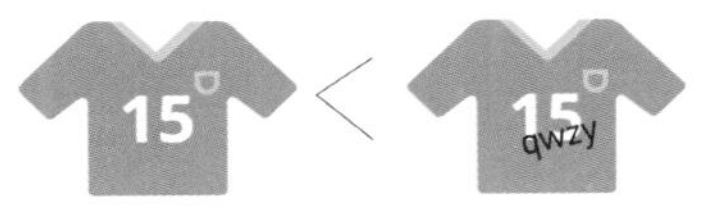

공식 유니폼 < 유명 선수의 사인이 들어간 유니폼

고유의 가치를 갖는 '유일무이'한 물건이며, '대체 불가능'하다는 사실을 증명하는 것이 NFT의 특징이다.

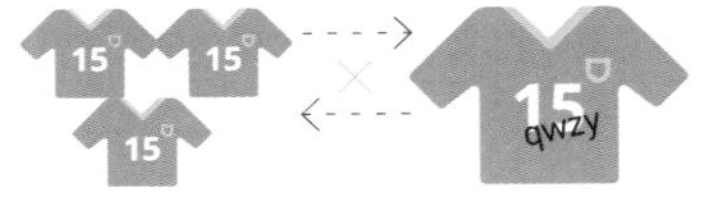

NFT와 FT의 다른 점은 토큰 규격의 차이

FT ←--- 호환성이 없다 ---→ NFT

	FT	NFT
특징	대체 가능 (같은 사양 또는 가치가 다른 토큰과 교환이 가능하다)	대체 불가능 (유일무이하며, 같은 물건이 존재하지 않는다)
토큰 규격	ERC-20	ERC-721
활용되는 분야	디지털 통화(비트코인, 조직 내의 포인트 등) 디지털 증권(주식, 채권, CO_2 배출권 등)	디지털 콘텐츠(게임의 아이템이나 캐릭터, 작품 등) 물리적인 물건의 등기(부동산, 감정품 등)

※디지털에 한정하지 않는다면 일반 통화나 상품권, 주식, 증권 등도 FT에 포함된다.

014 NFT는 어떻게 거래되는가?

THE GUIDE TO NFT

▶ 계정을 등록해 월렛을 작성하면 매매할 수 있다

NFT를 구입하려면 구체적으로 어떻게 해야 할까? 일본에서 일찍부터 NFT 매매 서비스를 제공하고 있는 **코인체크**를 예로 들어 설명해 보겠다.

우선 코인체크에 회원으로 등록하는 것부터 시작한다. 메일 주소와 패스워드를 입력해 등록 버튼을 클릭한다. 등록한 메일 주소로 회원 전용 페이지의 URL이 전송된다. 회원 전용 페이지로 로그인해서 본인 확인 서류(면허증이나 주민등록증 등)를 촬영해 올린다.

이어서 NFT를 관리하기 위한 월렛을 만든다. 월렛은 구글 크롬(Google Chrome)의 웹 스토어 등에서 입수할 수 있다. 크롬 웹 스토어를 이용한다면 일본어(한국어 선택도 가능)를 사용할 수 있는 **메타마스크(MetaMask)**가 대표적이다. 월렛을 인스톨했으면 코인체크의 회원 전용 페이지에서 일본 엔을 입금한다.

그 후 일본 엔을 암호 통화로 교환해 월렛에 입금하고, **NFT 시장(거래소)**에 로그인하면 NFT를 구입할 수 있게 된다(시장에 계정을 등록할 필요가 있다). NFT 시장으로는 오픈씨 등이 유명하지만, 코인체크에도 자기만의 시장인 코인체크 NFT(베타판)가 있다.

오리지널 콘텐츠를 NFT로 만들어 판매하는 방법도 간단하다. 먼저 오리지널 콘텐츠를 준비한다. 해당 콘텐츠의 상세 정보를 NFT 시장의 폼에 기입해 올리기만 하면 된다.

NFT 시장 '코인체크 NFT(베타판)'

NFT를 거래할 수 있는 '시장'이 존재하기 때문에 세계적으로 NFT 시장이 빠르게 확대되고 있다. 일본에서도 대기업들이 잇달아 참여하고 있다.

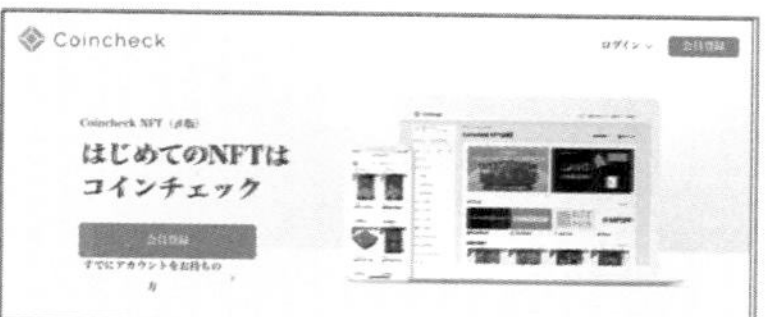

일본 내 NFT 시장을 견인하고 있는 '코인체크 NFT(베타판)'의 로그인 화면
https://nft.coinchek.com

'코인체크 NFT(베타판)'에서 취급하고 있는 NFT

메타버스의 아이템 / NFT 트레이딩 카드 / 차세대 카드 게임 블록체인 게임 / 메타버스의 3D 캐릭터

'NFT'의 판매 및 구매의 흐름

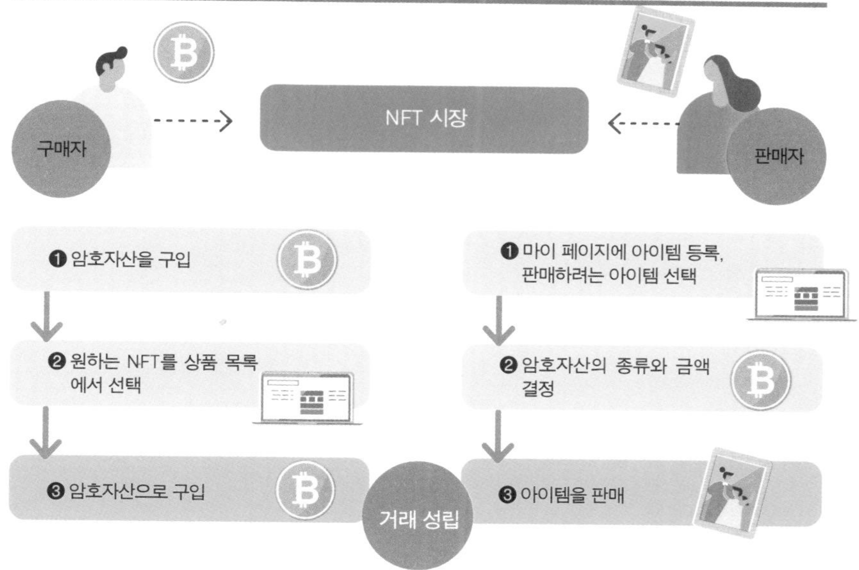

015 NFT 콘텐츠 되팔기로 수익을 얻는 방법은?

THE GUIDE TO NFT

콘텐츠를 직접 만드는 것보다 되파는 편이 장벽이 낮다

NFT로 수익을 얻고자 하는 사람은 크게 두 부류로 나뉜다. **자신이 만든 콘텐츠를 판매하려는 사람과 누군가가 만든 콘텐츠를 구입한 후 구입 가격보다 비싸게 되팔려는 사람**이다.

본인의 하는 일이 창작이라면 직접 콘텐츠를 만들면 되겠지만, 그중에는 '초등학교 3학년의 여름방학 자유 연구가 380만 엔에 거래되었다'는 말을 듣고, 본인이 작성한 콘텐츠도 비싸게 팔리기를 기대하는 사람도 있을 것이다.

그러나 위의 경우는 우연히 해당 작품을 찾아낸 유명 DJ가 본인의 트위터(Twitter) 아이콘으로 이용하면서 주목받은 케이스다. 콘텐츠 자체가 가진 매력도 있었겠지만, 운이 따랐다고도 말할 수 있다.

애당초 일반인이 콘텐츠를 만드는 것 자체가 어려운 일인 데다가 고액으로 판매하려면 마케팅도 필요하다. 즉, 콘텐츠를 제작해 판매하는 일은 장벽이 높다.

실제로 시장을 잘 살펴보면 거래가 이루어지는 콘텐츠 자체가 극히 일부라는 사실을 알 수 있다. 실제 현실에서 자신이 그린 그림을 파는 것과 크게 다르지 않은 상황이다.

그러므로 전문 작가가 아닌 사람에게는 **NFT 콘텐츠를 되파는 방법**을 권하고 싶다. 이미 거래되고 있는 콘텐츠를 구입하는 것이므로, 마케팅을 할 필요도 없다.

다만, 당연히 콘텐츠 자체의 가격이 떨어져서 손해를 볼 위험이 따르고, 또 그것 이상으로 거래에 사용되는 암호자산의 가격 변동으로 손해를 볼 위험이 있다는 점도 잊지 말아야 한다.

초심자에게는 콘텐츠를 되파는 방법을 추천

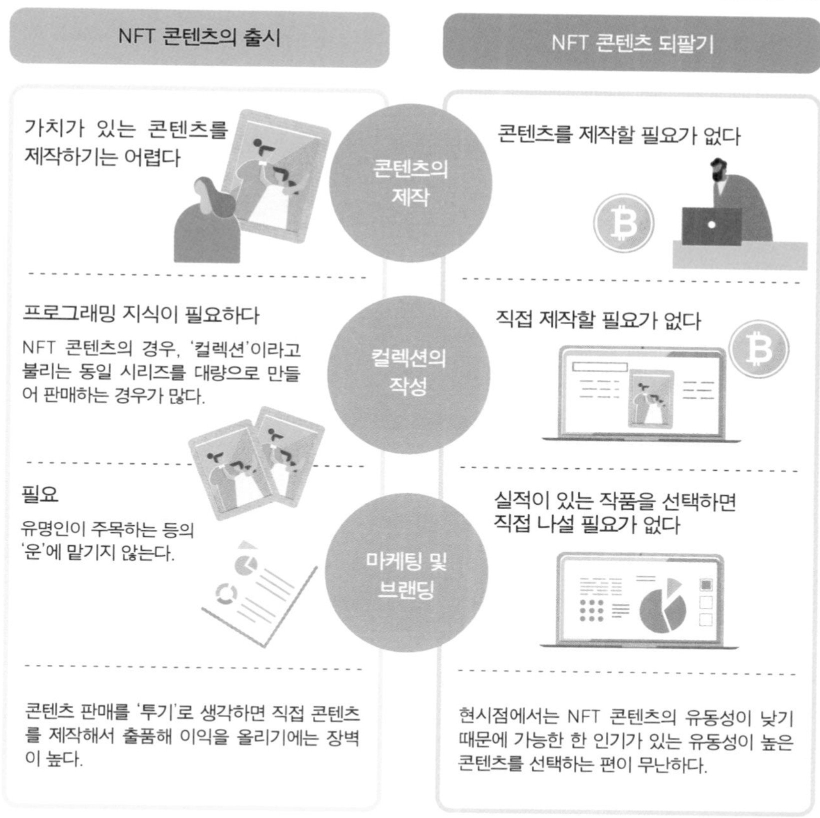

NFT 콘텐츠의 출시
NFT 콘텐츠 되팔기
가치가 있는 콘텐츠를 제작하기는 어렵다
콘텐츠의 제작
콘텐츠를 제작할 필요가 없다
프로그래밍 지식이 필요하다
NFT 콘텐츠의 경우, '컬렉션'이라고 불리는 동일 시리즈를 대량으로 만들어 판매하는 경우가 많다.
컬렉션의 작성
직접 제작할 필요가 없다
필요
유명인이 주목하는 등의 '운'에 맡기지 않는다.
마케팅 및 브랜딩
실적이 있는 작품을 선택하면 직접 나설 필요가 없다
콘텐츠 판매를 '투기'로 생각하면 직접 콘텐츠를 제작해서 출품해 이익을 올리기에는 장벽이 높다.
현시점에서는 NFT 콘텐츠의 유동성이 낮기 때문에 가능한 한 인기가 있는 유동성이 높은 콘텐츠를 선택하는 편이 무난하다.

NFT 콘텐츠를 되팔아 수익을 얻는 요령

단일 작품의 거래 이력을 확인한다

거래 가격이 상승 흐름에 있는가?
유동성은 높은가?

거래용 암호자산의 실적을 조사한다

이용과 실적이 많은 이더리움은 물론 다른 암호자산에도 주목한다.

선행자 이익을 높인다

신규 구입 희망자는 앞으로도 늘어날 것이므로, 작품을 수집해 수를 늘린다.

제대로 된 작품을 선택한다

모든 작품이 고가로 거래되지는 않는다.
해외에서 유행하면 자국에서도 유행한다.

016 NFT 콘텐츠를 판매 및 구입하는 시장이란?

THE GUIDE TO NFT

누구나 자유롭게 NFT 콘텐츠를 거래할 수 있는 장소이다

NFT 콘텐츠를 사고팔기 위한 플랫폼을 **NFT 시장(NFT 거래소)**이라고 한다. 거래는 암호자산으로 결제되는 경우가 많으며, 시장에 따라 이용할 수 있는 암호자산이 다르다. **이더리움이나 비트코인, 폴리곤(Polygon, Matic), 클레이튼** 등이 사용되는데, 그중 **이더리움**이 가장 많이 사용되고 있다.

작가(콘텐츠 제작자)가 제작한 NFT 콘텐츠를 판매하는 것을 1차 판매, 구입자가 판매하는 것을 2차 유통(2차 판매)이라고 하며, 시장에서는 양쪽 모두 가능하다.

즉 아티스트건, 콘텐츠 제작사이건, 투자가이건 누구나 자유롭게 NFT 콘텐츠를 거래할 수 있는 장소가 NFT 시장이다.

2차 유통의 경우, 제작한 창작자에게도 저작권료가 지급된다. 이는 블록체인을 거슬러 올라가면 제작자(저작권자)에게까지 도달할 수 있기 때문이다. 기존 인터넷상의 판매 사이트라면 되팔아도 제작자에게 저작권료를 지급할 수 없지만 NFT라면 가능하다.

또한, NFT 콘텐츠의 결제 수단인 암호자산과는 별도로 **'NFT 관련 종목'**이라 불리는 암호자산이 있다. 이것은 블록체인 게임 등에서 유통하는 암호자산으로, 이들도 상장되어 거래(투기)의 대상이 되고 있다.

NFT 시장에서 가능한 '거래'

NFT 시장에서는 콘텐츠의 저작권을 보유한 개인이나 회사가 NFT를 발행한다. 해당 NFT의 판매(1차 판매)와 구입의 결제, 사용자들이 보유하고 있는 NFT의 되팔기 및 양도(2차 판매)의 네 가지 거래를 할 수 있다.

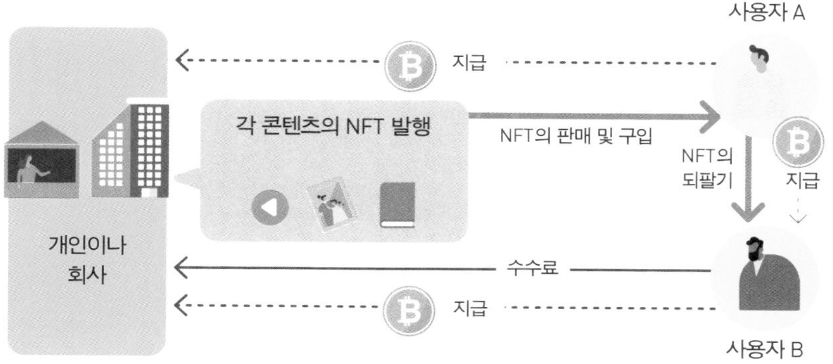

투자가가 주목하는 NFT 관련 종목

암호자산명	가격(원)	시가총액 순위	이용 분야
마나(MANA)	3,500.33	27위	블록체인을 사용한 가상 세계 '디센트럴랜드(Decentraland)'
엑시 인피니티(AXS)	102,823.3	28위	NFT 게임 '아크시인피니티'
샌드박스(SAND)	5,449.9	38위	게임 '샌드박스'
테조스(XTZ)	4,501.3	41위	블록체인 플랫폼
플로우(FLOW)	9,195.6	53위	고속 · 분산형 개발자용 블록체인
엔진코인(ENJ)	2,503.7	66위	소셜 게임 플랫폼
칠리즈(CHZ)	286.3	76위	다양한 스포츠 클럽과 연계한 플랫폼

참고 : https://www.fisco.co.jp/media/crypto/nft-ranking/ 2021년 12월

017 세계에서 가장 이용자가 많은 시장 '오픈씨(OpenSea)'

THE GUIDE TO NFT

▶ NFT를 사고팔려면 먼저 검토하고 싶은 시장이 오픈씨이다

NFT를 사고팔 수 있는 NFT 시장의 최대 기업이 바로 **오픈씨(OpenSea)** 이다. 이 기업은 뉴욕을 거점으로 2017년 12월에 서비스를 시작한 시장으로, 2021년 7월의 월간 거래액은 약 2억 달러(한화 약 2,472억원)였다. **전 세계에 걸쳐 NFT를 매매하고 싶다면** 먼저 검토해야 할 플랫폼이다.

경매 형식으로 출품되는 상품이 많으며, 오픈씨에 등록하면 누구나 경매에 참가할 수 있다. **소액 판매나 가격 인하 경매법**(구입자가 나타날 때까지 가격을 낮추는 방식)도 지원하고 있다.

오픈씨에는 저명한 아티스트가 작품을 내놓는 것으로도 유명하다. 〈에브리데이〉가 6,930만 달러에 거래되어 유명해진 비플 씨도 오픈씨에 다수의 작품을 내놓고 있다.

일본인으로는 코미디언 킹콩(King Kong)의 멤버인 니시노 아키히로(西野亮廣) 씨가 직접 만든 그림책 『못생긴 마르코(みにくいマルコ)』의 그림 3점을 출품해 전부 약 400만 엔(한화 약 4,000만원)에 낙찰되었다. VR 아티스트인 세키구치 아이미(せきぐちあいみ) 씨의 〈환상 현란(Alternate dimension)〉은 약 1,300만 엔(한화 약 1억 3,000만원)에 낙찰되었다.

오픈씨는 이더리움의 블록체인뿐만 아니라 매틱(Matic), 클레이튼, 테조스 등 다양한 블록체인을 기반으로 하는 NFT를 지원하고 있다. 그 결과 많은 작가, 사용자, 작품을 보유하고 있다.

1차 창작자가 받는 **저작권료나 판매 방법을 설정하기가 비교적 쉽다**는 점도 창작가에게 인기 있는 비결이다.

오픈씨의 특징 ①: 다양한 장르의 NFT를 취급한다

세계 최초, 세계 최대의 NFT 시장이다. 2017년에 뉴욕에서 설립되었다. 2021년 3월에 2,300만 달러의 벤처 캐피털을 투자받았다. 2021년 9월에는 안드로이드(Android)와 iOS용 모바일 앱을 출시했다.

https://opensea.io

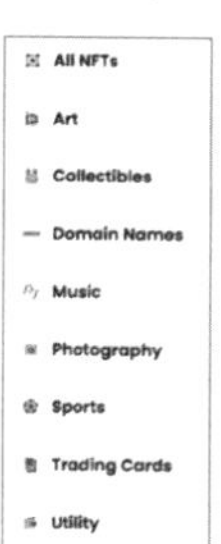

취급하는 NFT는 '아트', '음악', '사진' 등 다양하다. 또 다양한 창작가와 아티스트가 참가해 많은 작품이 있기 때문에 'NFT의 활기'를 느낄 수 있다. 검색이나 선택 기능이 갖추어져 있어 원하는 작품을 찾아내기 쉽다.

또한, 순위 기능도 충실해 '인기 작품', '인기 작가'를 파악할 수 있고, 가격 변동 데이터를 확인해 최신 동향을 알 수도 있다.

오픈씨에서 NFT 구입하기

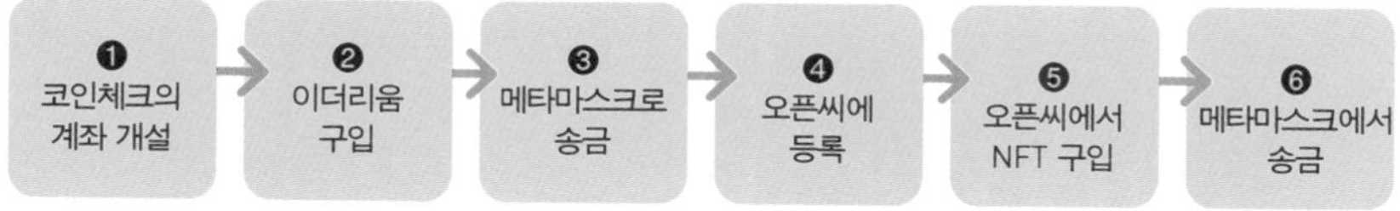

오픈씨의 특징 ②: 세 가지 형식의 판매 가격 설정 중 하나를 선택할 수 있다

NFT를 등록할 때는 정해진 가격에 판매하는 'Set Price', 기간을 설정한 경매 'Highest Bid', 구입자가 나타날 때까지 높은 가격에서부터 점차 가격을 낮추는 더치 옥션 형식의 'Include ending price' 중 하나를 선택할 수 있다.

'Highest Bid'로 NFT를 등록한다.

018 일본 최초의 NFT 시장인 '코인체크(Coincheck) NFT'

THE GUIDE TO NFT

▶ 수수료가 필요 없고 결제 수단이 다양하다

일본 내의 암호자산 교환 사업자가 처음으로 문을 연 NFT 시장이 **코인체크 NFT(베타판)**(이하 '베타판' 생략)이다.

이용하려면 먼저 코인체크에 계정을 등록해야 한다. 코인체크는 모넥스 그룹(Monex Group) 주식회사의 완전 자회사인 코인체크 주식회사가 운영하는 암호 통화 거래소이다.

이더리움의 가스비(네트워크 수수료)가 높다는 점이 NFT의 과제 중 하나인데, 코인체크 NFT는 이더리움과는 오프 체인(전체 거래가 아니라 최초와 최후만 블록체인상에 기록하는 거래)이므로, **수수료가 발생하지 않는다.**

해외 시장은 일본어(한국어도 마찬가지)를 지원하지 않거나 일본어를 지원해도 불완전한 경우가 있어 보통 일본인은 사용하기 어려운 면이 있었다. 그런 점에서 코인체크 NFT는 사용하기 쉽게 만들어져 있다.

또한, 시장에서 다수의 암호자산을 지원한다는 점도 특징이다. 2022년 1월 시점에서 비트코인, 이더리움, 모나코인, 리스크, 리플, 넴, 라이트코인, 비트코인 캐시, 스텔라루멘, 퀀텀, 베이직 어텐션 토큰, 아이오에스티, 엔진코인, 오엠지, 팔레트 토큰 등 **열다섯 종류를 지원하고 있으며, 차례로 더 추가될 예정**이다.

같은 시점에서 취급 상품은 크립토 스펠스, 샌드박스, NFT 트레이딩 카드, 소라레, 미비츠(Meebits) 등에서 발행한 NFT이며, 이쪽도 차례로 추가될 예정이다. 제휴하고 있는 칠리즈가 발행한 상품이 언제부터 제공될지 기대하고 있다.

코인체크 NFT의 특징 ①: 복잡한 거래 문제 해결

코인체크는 블록체인상에는 기록되지 않는 거래(오프 체인)가 가능한 NFT 시장이다. '코인체크'의 계좌가 있으면 누구나 NFT의 판매, 구입, 저장이 가능하다. 나아가 사용자 간에 NFT와 암호자산의 교환 거래가 가능하고, 판매와 구입으로 발생하는 네트워크 수수료(가스비)도 무료이므로, NFT를 취급하는 장벽이 낮다.

https://nft.concheck.com

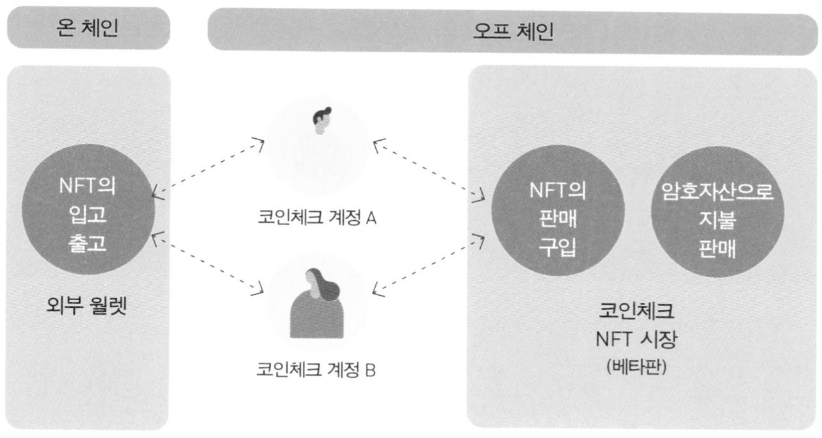

코인체크 NFT의 특징 ②: 다수의 암호자산 지원

'코인체크 NFT(베타판)'를 사용하려면 '코인체크'에 계정을 등록하고 본인 확인을 해야 한다. 이로써 '코인체크'가 취급하는 다양한 암호자산을 NFT 거래에 이용할 수 있다. 지원하는 암호자산은 앞으로도 확대할 예정이다.

지원하는 암호자산(통화)

비트코인(BTC) / 이더리움(ETH) / 모나코인(MONA) / 리스크(LSK) / 리플(XRP) / 넴(XEM) / 라이트 코인(LTC) / 비트코인 캐시(BCH) / 스텔라루멘(XLM) / 퀀텀(QTUM) / 베이직 어텐션 토큰(BAT) / 아이오에스티(IOST) / 엔진 코인(ENJ) / 오엠지(OMG) / 팔레트 토큰(PLT)

019 계속 확대되는 시장 - 해외 예술 작품을 취급하는 주요 시장

THE GUIDE TO NFT

오픈씨 외의 대표적인 해외 주요 시장

2020년은 'NFT 원년'이라 불리며, 전 세계에 많은 NFT 시장이 탄생했다. 그러나 해외에서는 그 이전부터 여러 개의 시장이 존재했다. 특히 유명한 세 개의 시장을 소개한다.

• **슈퍼레어(SuperRare)**

2018년 4월에 서비스를 시작한 예술 작품을 주로 취급하는 시장이며, 2021년 10월 현재 세계 203개국의 사용자가 이용하고 있다. 거버넌스 토큰(블록체인의 운영 규약에 대해 발언할 수 있는 권리를 나타내는 표식)인 레어(RARE)를 발행하고 있으며, 디지털 네이티브 세대의 의견을 수용하여 새로운 발전을 모색하고 있다.

• **니프티 게이트웨이(Nifty Gateway)**

2018년 11월에 서비스를 시작했지만, 2019년에 암호자산 거래소 제미니(Gemini)가 인수하였다. 이에 따라 미 달러로 NFT 결제가 가능해졌으며, 또한, 다른 곳에서는 손에 넣을 수 없는 아티스트나 브랜드에 의한 한정 경매를 하게 되었다.

• **라리블(Rarible)**

러시아계 창업자가 2019년 11월에 설립해 예술 작품을 중심으로 취급하고 있다. 당초에는 영어로만 서비스를 제공했지만, 지금은 일부 일본어도 지원하고 있어 일본인도 사용하기 쉬워졌다. 사용자 환경이 뛰어나다는 점, 거버넌스 토큰인 라리(RARI)를 발행하고 있다는 점, 저작권자가 저작권료를 설정할 수 있다는 점 등 때문에 사용자가 급속히 늘고 있다.

일본 내의 시장 ① (2022년 1월)

시장명	카테고리	회사 / 출시	특징
미메(miime)	게임 아이템	코인체크 테크놀로지 2019년 9월	NFT 거래에서 세계 최초로 일본 엔을 이용한 결제 기능을 도입. 총 12종류에 이르는 인기 게임의 캐릭터나 아이템을 취급한다.
파이낸시 (FiNANCiE)	클라우드 펀딩	파이낸시 2020년 4월	일본의 유명인 프로젝트를 게재. 토큰 트레이딩 카드와 커뮤니티를 활용한 계속적인 프로젝트 활동과 지원이 가능하다.
토큰 링크 (TOKEN LINK)	게임 아이템	테오텍스 그룹 홀딩스(THEOTEX GROUP HOLDINGS) 2021년 1월	일본에서 NFT 붐이 일어나기 전에 출시된 게임 아이템에 특화한 시장. 크로스 링크(Cross Link)라는 독자적인 게임도 제공한다.
코인체크	게임 아이템, 트레이딩 카드	코인체크 2021년 3월	오프 체인 NFT 시장. 거래 수수료(가스비)가 없다. 코인체크에서 암호자산 계좌를 개설할 필요가 있다.
나나쿠사 (nanakusa)	예술품, 사진, 동영상	에스비아이NFT (SBINFT, 구: 스마트 앱, Smart App) 2021년 3월	공인 크리프트 아티스트에 신청, 심사를 통과해야 해서 높은 수준의 작가들이 많다. 암호자산과 신용카드로 결제가 가능하다.
NFT스튜디오 (NFTStudio)	일러스트	크립토게임즈 (Crypto Games) 2021년 3월	일러스트 작품 취급에서는 일본 최대. 등록 작가는 완전 심사제이므로 품질이 뛰어나다. 작가는 무상으로 NFT를 발행할 수 있다.
프라그먼트라이조 마틱스 NFT (FRGMTRZM NFT)	아트	Rhizomatiks 2021년 4월	예술과 기술을 융합해 대규모 상업 예술 프로젝트를 다루는 라이조마틱스(Rhizomatiks)의 독자적인 NFT 시장. 라이조마틱스나 퍼퓸의 NFT 아트 등을 취급한다.
NFT 뱅커즈	현물 보물 아이템	머천트 뱅커즈 2021년 4월	주식회사 켄텐(KENTEN)이 운영하는 쇼핑 사이트. '켄텐×라팡(lafan)'과의 협력 체제로, 영화나 역사 관련 상품을 풍부하게 갖추고 있다.
엔코믹스 (NCOMIX)	창작가 작품	리드엣지 컨설팅 2021년 6월	신용카드로 결제 가능. 2차 유통 이후에도 작가에게 일부 수익이 환원되는 저작권료 제도를 도입했다.
NFT 마켓 베타	디지털 콘텐츠	라인 2021년 6월	IP 홀더나 작가가 발행하는 NFT 아이템에 수수료가 되는 콘텐츠료를 설정할 수 있다.
티티엑스(TTX)	유명인 NFT	코바르 2021년 6월	유명인, 연예인만 기용한 NFT 시장. 발행뿐 아니라 CtoC 거래나 NFT의 임대차 등을 원스톱으로 제공한다.

①~③ 참고 : https://nft-media.net/marketplace/marketplace-domestic/317/

020 계속 확대되는 시장 - 일본 내 예술 작품을 취급하는 시장

THE GUIDE TO NFT

일본 NFT 시장의 대부분은 예술 작품을 취급한다

소개한 해외의 시장들도 예술 작품을 취급하는 곳이 대다수지만(물론 아닌 것도 있다), 일본에서도 대다수는 예술 작품을 취급한다. 일본에서 유명한 예술 작품 NFT 시장 세 곳을 소개한다.

• 나나쿠사(nanakusa)

에스비아이 NFT가 운영하는 2021년 3월에 서비스를 시작한 아트, 사진, 동영상 NFT를 취급하는 시장이다. 작품을 내놓을 때 공인 아티스트로 신청해 심사를 통과해야 하기 때문에 콘텐츠의 품질이 높다는 점이 특징이다. 결제용 암호자산은 이더리움과 폴리곤이며, 그 밖에도 주요 신용카드 결제도 지원하고 있다.

• 유니마(ユニマ)

모바일 팩토리의 자회사 비트 팩토리가 운영하는 2021년 7월에 서비스를 시작한 디지털 콘텐츠 NFT 시장이다. NFT를 구입할 때 암호자산이 아닌 일본 엔화로 결제할 수 있다. 또한 2011년 11월에는 일반 사용자가 소유한 NFT를 일본 엔으로 매입하는 '유니마 NFT 매입(베타판)'을 출시했다.

• NFT스튜디오(NFTStudio)

크립토게임즈가 운영하는 2021년에 출시된 NFT 시장이다. 일러스트 작품 분야에서는 일본 최대급 시장이다. 완전 심사제로 작가를 등록하기 때문에 품질이 매우 뛰어난 작품이 모여 있다.

일본 내의 시장 ② (2022년 1월)

시장명	카테고리	회사 / 출시	특징
애니FTY (ANIFTY)	애니메이션 만화	애니FTY 2021년 7월	170명 이상의 공인 화가가 등록되어 있다. 출품 후에도 가격과 수량의 변경이 가능하다(단, 판매자가 수수료를 부담해야 한다).
디지타마 (Digitama)	아티스트, 스포츠 선수의 디지털 콘텐츠	자이코(ZAIKO) 2021년 7월	일본 최초로 개별 스포츠 클럽의 NFT를 취급하는 시장. '후원금(Blind Bid)' 기능이 있다.
하벳 (HABET)	디지털 트레이딩 카드	유유유엠 (UUUM) 2021년 7월	정액 판매, 추첨 판매, 경매 등 세 종류의 판매 방식을 지원한다. 하벳의 독자적인 기술로 NFT를 발행하기 때문에 수수료가 필요 없다. 신용카드 결제도 가능하다.
더 엔에프티 레코드(The NFT Records)	음악	쿠레이오 2021년 7월	음원, 아트, 사진의 조합과 같은 복수 아이템의 세트 판매가 가능하다. 경매 판매, 기간 한정 판매, 예약 판매 등 세 종류 판매 방식을 지원한다.
유니마	디지털 콘텐츠	모바일 팩토리 2021년 7월	일본 엔으로 구입 가능. 2021년 11월에는 '유니마 NFT 매입(베타판)'이라는 일반 사용자가 보유한 NFT를 일본 엔으로 매입하는 서비스를 출시했다.
라쿠자	애니메이션 만화	라쿠치(RAKUICHI) 2021년 7월	중국어권 최대의 SNS '웨이보(Weibo)'의 일본 내 광고 · PR 판매권을 보유한 Z 홀딩스 주식회사와 제휴했다.
아이블록 숍 (1Block Shop)	디지털 패션	원섹(1SEC) 2021년 8월	120개국 이상, 수백만 이상의 기업이 사용 중인 결제 플랫폼을 도입하여 신용 결제가 가능하다.
아담 바이GMO (Adam byGMO)	디지털 콘텐츠	GMO 인터넷 그룹 2021년 8월	신용카드(VISA/Mastercard / JCB / American Express / Diners Club) 결제와 은행 입금도 가능하다.
닷무라 (.mura)	음악×아트 워크	스튜디오 엔터 (Studio ENTRE) 2021년 9월	음원과 아트 워크의 세트 판매가 기본. 작품 구입자를 뮤지션 및 아티스트의 공식 서포터로 인정한다.
원블록 랜드 (1Block LAND)	디지털 패션	원섹 2021년 9월	일본 최초의 패션 중심 메타버스 NFT 시장. 초기 단계에서는 쇼핑 체험에 포커스를 두었다.
팬탑 (FanTop)	팬 아이템	미디어 드 2021년 10월	보유자의 권리를 확실히 보호하기 위해 NFT 보유자 정보의 관리에 플로우 블록체인을 채택했다. 신용카드로 엔화 결제를 지원한다.

021 THE GUIDE TO NFT 계속 확대되는 시장 - 일본 내 예술 작품 취급 시장 외

▶ 게임 아이템과 트레이딩 카드가 대부분이지만 지적재산권 등도 취급한다

예술 작품을 취급하는 시장을 제외한 일본 내 NFT 시장으로는 게임 아이템이나 트레이딩 카드를 취급하는 거래소가 많지만, 그 밖에도 브랜드 제품, 음악, 디지털 패션, 지적재산권 등을 취급하는 시장도 등장하고 있다.

- **하벳(HABET)**

대형 유튜버 사무소 유유유엠(UUUM)의 그룹 회사 포로(FORO)가 운영하는 2021년 7월에 서비스를 시작한 디지털 트레이딩 카드 NFT 시장이다. 수수료가 전혀 필요 없고, 신용카드 결제도 가능하다. 야후(Yahoo)! 온라인 모금과 연계해 수수료의 일부가 기부된다.

- **원블록 숍(1Block Shop)**

140만 엔이라는 높은 가격으로 팔린 버추얼 스니커즈(Part 1 007 참조)가 출품된 디지털 패션 NFT를 취급하는 시장이다. 원섹이 2021년 8월에 서비스를 시작했다. 신용카드 결제가 가능하다는 점과 구글(Google), 라인, 트위터(Twitter) 등의 ID로 로그인할 수 있다는 점에서 NFT 초보자에게 인기가 있다.

- **아이피(IP)시장**

리걸텍의 자회사 도쿄닷에이아이(Tokkyo.Ai)가 운영하는 2021년 11월에 서비스를 시작한 지적재산권 거래를 위한 NFT 시장이다. 지적재산권을 장르별로 확인할 수 있도록 되어 있고, 구입 희망자는 거래 상담 버튼을 클릭하면 판매자와 대화를 나눌 수 있다.

일본 내의 시장 ③ (2022년 1월)

시장명	카테고리	회사/출시	특징
크리에이션 (KREATION)	메타버스 패션	크리에이션 2021년 10월	월렛을 개설하지 않아도 신용카드로 NFT 상품을 구입할 수 있다. NFT 상품 매출의 2%를 신생 브랜드의 지원에 사용한다.
푸이푸이(PUIPUI) 모르카 NFT 시장	푸이푸이 모르카	하마다(兵田) 인쇄공예 2021년 10월	TV 애니메이션이 방송되면서 SNS를 중심으로 크게 인기를 끈 '푸이푸이 모르카'의 NFT를 신용카드로 구입할 수 있다.
아이피(IP) 시장	지적재산권	리걸텍 2021년 11월	판매할 수 있는 지적재산권은 '특허 실용신안', '디자인 및 의장', '상표', '저작권'등. 관심이 있는 지적재산권 판매자와 거래와 관련한 상담을 할 수 있다.
리드 엣지 (LEAD EDGE)	콘텐츠	리드 엣지 컨설팅 2021년 11월	'창조성을 가치로 바꾼다'는 콘셉트로 누구나 자신의 작품을 NFT화해서 판매할 수 있다.
메타마트 (MetaMart)	버추얼상의 3D 아이템	스이쇼(Suishow) 주식회사 2021년 11월	세계 최초로 버추얼상의 3D 아이템만 취급한다. 구입한 3D 아이템을 독자적인 아바타(Avatar)에 입힐 수 있다.
토푸(tofu) NFT	게임 아이템	주식회사 코인진자2 (COINJINJA2) 2021년 11월	바이낸스 스마트 체인(Binance Smart Chain, BSC) 및 폴리곤 네트워크(Polygon network)상에서 가동하는 분산형 NFT 시장.
엑스와이지에이 (XYZA)	아트	주식회사 에프알엠(FRM) 2021년 11월	디지털 영역에서 활동하지 않는 현대 아티스트와도 협업 가능하다. 블록체인 개발자, 아티스트와 함께 작품을 제작한다.
하티 (HARTi)	아트	주식회사 하티 (예정)	완전 초대제, 심사제인 NFT 아트 중심 시장. 전임 큐레이터가 판매 신청 시에 모든 작품을 심사하기 때문에 질 높은 NFT를 구입할 수 있다.
리진 파이팅 컬렉션 (RIZIN FIGHTING COLLECTION)	디지털 트레이딩 카드	테오텍스 그룹 홀딩스(THEOTEX GROUP HOLDINGS) 주식회사 (예정)	디지털 데이터뿐 아니라 실제 상품이나 티켓 등의 혜택을 주는 거래를 예정하고 있다.
라쿠텐 NFT (Rakuten NFT)	엔터테인먼트	라쿠텐 그룹 주식회사 (예정)	엔터테인먼트 계열의 작품을 취급하는 NFT 시장. IP 홀더가 NFT의 발행과 판매 사이트를 구축할 수 있는 독자적인 플랫폼이다.
아폴로	아트	일반재단법인 NFT 나루토 미술관 시장 (예정)	일본 최초의 예술 작품을 취급하는 기업과 단체의 NFT 시장. NFT의 관리에는 바이낸스 체인(Binance Chain)을 채택한다.

022 NFT의 기반이 되는 블록체인이란?

THE GUIDE TO NFT

▶ 위변조가 불가능하고, 멈추지 않는 데이터베이스로 이뤄져 있다

블록체인이란 ① 부정이나 비표준적인 사양을 감지한다, ② 변경, 제거, 위변조가 불가능하다(매우 어려움), ③ 고장이 나도 자동 복구되어 멈추지 않는다, ④ 네트워크로 공유되는 분산형 시스템 등과 같은 특징을 갖춘 데이터베이스이다.

이러한 성질은 클라우드의 데이터베이스와도 공통되지만, 관리자라도 변경, 제거, 위변조가 사실상 불가능하다는 점에서 크게 다르다. 이러한 성질 때문에 '가상화폐'(암호자산)의 인프라가 될 수 있었다.

블록체인은 사토시 나카모토(サトシナカモト)라는 정체불명의 인물에 의해 고안되었다. 2008년에 콘셉트가 발표되고, 2009년에는 블록체인에 의한 최초의 암호자산 비트코인의 거래가 시작되었다.

블록체인을 뒷받침하는 기술은 아래 네 가지이다.

① P2P(Peer to Peer) 네트워크

복수의 대등한 컴퓨터가 1 대 1로 직접 통신하는 접속 방식이다.

② 해시(Hash) 함수

위변조 방지를 위한 암호화 기술이다.

③ 전자 서명

디지털 문서의 작성자를 증명하는 표식이다. 위변조를 방지한다.

④ 합의 알고리즘

불특정 다수의 참가자들이 합의하기 위한 구조이다.

블록체인이란

특정 관리자가 존재하지 않고, 네트워크상에 정보를 분산해 관리하기 위한 데이터베이스이다. 기록한 정보는 사라지지 않고, 누구나 쉽게 정보를 검증할 수 있으므로, 복사나 위변조가 어렵다(사실상 불가능).

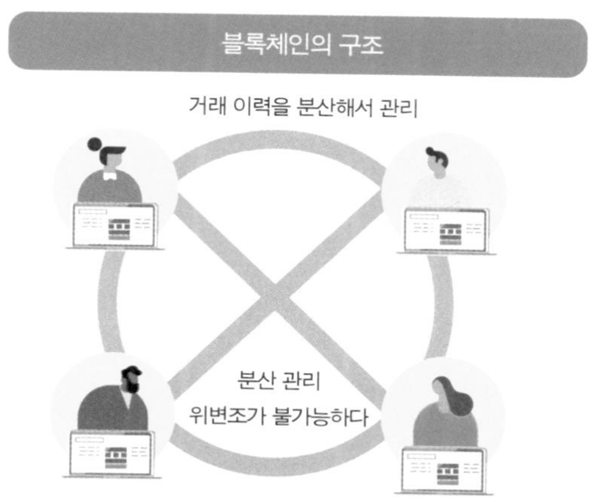

블록체인의 구조

거래 기록을 하나의 덩어리(블록)로써 끝맺어 시계열 순서로 체인 모양으로 연결한다. 이때 한 개 전의 블록(n)에 관한 정보를 다음 블록(n+1)에 저장한다. 이 '대장'은 동일한 것이 네트워크상에 분산되어 관리된다. 그중 하나의 블록 정보를 위변조하면 이후 블록의 전부, 분산 대장의 전부를 변경하지 않으면 정합성을 이루지 못한다.

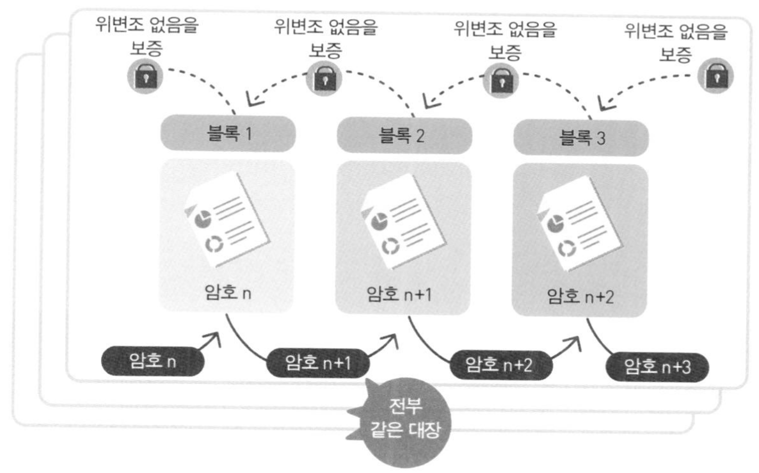

023 블록체인과 혼동되기 쉬운 DLT란?

THE GUIDE TO NFT

▶ 블록체인은 DLT(분산형 대장 기술)의 일종이다

'블록체인은 DLT라고도 한다'는 설명을 가끔 볼 수 있을 것이다. 완전히 틀린 말이라고는 할 수 없지만, **'블록체인은 DLT의 일종'**이라고 하는 편이 더 정확한 표현이다.

DLT란, 'De-centralized Ledger Technology'의 약어로, 직역하면 **'비중앙집권적 대장 기술'**이다. 즉, 특정 관리자가 없고, 그 대장을 이용하는 사용자 전원이 서로 감시하며, 관리하는 기술을 가리키는 말이다.

DLT의 반대가 중앙집권적인 대장 기술인데, 예를 들면 은행 예금의 데이터베이스 등이 이에 해당한다. 은행의 예금 기록은 은행이 관리하며, 우리 사용자는 그것을 신뢰할 수밖에 없다.

DLT의 주된 이점으로는 부정이나 위변조가 곤란하다는 점과 시스템 다운이 잘 발생하지 않는다는 점이다. 당연히 DLT의 일종인 블록체인도 이러한 이점을 가지고 있다.

블록체인이 DLT의 일종이라는 말은 블록체인 외의 DLT가 존재한다는 뜻이다. 예를 들어 아이오타(IOTA)라는 암호자산은 블록체인이 아니라 DAG(Directed acyclic graph, 유효 비순회 그래프)라는 기술을 이용해 DLT를 실현한다.

DLT와 다른 블록체인의 특징은 데이터 구조가 블록으로 구성된다는 점, 블록이 발생 순서로 나열된다는 점, 토큰의 존재가 전제라는 점 등이다. 그러나 다른 DLT는 반드시 이를 전제로 하고 있지 않다.

DLT(분산형 대장 기술) 중 블록체인의 기술

'분산형 대장 기술'은 분산형 대장(데이터베이스)을 실현하는 기술을 총칭한다. 네트워크상의 복수의 노드(서버나 PC)가 동일한 대장을 유지할 수 있도록 한다. 어디선가 변경이 발생하면 각 노드의 분산 대장도 갱신된다. 블록체인은 분산형 대장 기술의 일종이다.

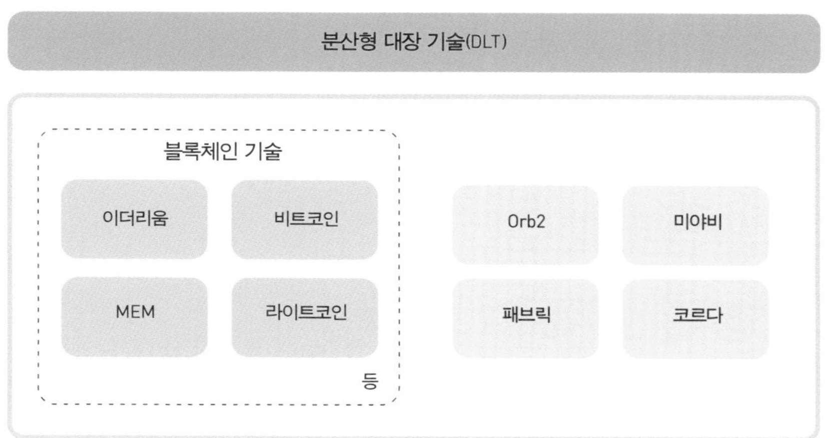

NFT에 이용되는 블록체인 기술 '이더리움'

'이더리움'은 '비트코인'과 같은 블록체인 기술을 이용한 암호자산이며, 플랫폼(블록체인)의 이름이다. 자동으로 실행되는 계약을 작성하는 기능 '스마트 계약'(Part 2 026 참조) 기능이 갖춰져 있다. 또한, '비트코인'보다 데이터를 저장한 블록은 생성 속도가 매우 빨라 거래 승인이 필요한 서비스에 적합하다.

	비트코인	이더리움
블록체인 생성 시간	10분마다	약 15초마다
통화 단위	0.00000001BTC	0.000000000000000001ether

024 블록체인에는 어떤 종류가 있는가?

THE GUIDE TO NFT

▶ 퍼블릭형, 프라이빗형, 컨소시엄형이 존재한다

본래 블록체인은 관리자가 존재하지 않는 비중앙집권형 데이터베이스로서 등장했다. 그러나 비즈니스에 응용되면서 그 기술을 그대로 이용하면서도 관리형 데이터베이스로서, 사용자를 한정하는 형태의 블록체인이 등장하고 있다. 요컨대 부정이나 위변조가 불가능하고 시스템이 다운되지 않는다는 DLT로서의 이점만 활용하려는 생각이다.

현재는 거래 내용의 공개 범위와 관리자의 유무에 따라 세 종류의 블록체인이 존재한다.

① 퍼블릭형 블록체인

인터넷에 접속할 수 있는 사람이면 누구나 참가할 수 있는 블록체인이다. 관리자는 존재하지 않는다. 비트코인이나 이더리움, 라이트코인 등 많은 '가상화폐'의 플랫폼이 되고 있다. 사용자가 많기 때문에 사용자 간의 합의를 위해 방대한 컴퓨터 자원을 사용하므로, 대량의 전력을 소비한다.

② 프라이빗형 블록체인

특정 관리자(운영자)가 존재하고, 한정된 사용자만 이용할 수 있는 블록체인이다. 사생활이 확보된다는 점이 특징으로, 금융기관 등의 시스템에 이용된다.

③ 컨소시엄형 블록체인

복수의 관리 주체가 존재하는 블록체인이다. 공급망 관리 등 복수의 기업이 협력하는 업무에 적합하다.

각 블록체인의 주된 특징

NFT는 어느 형태건 운용이 가능하다. '이더리움', '비트코인'은 투명성이 뛰어나고, 공공성 및 진정성 등을 담보할 수 있는 퍼블릭 체인이다.

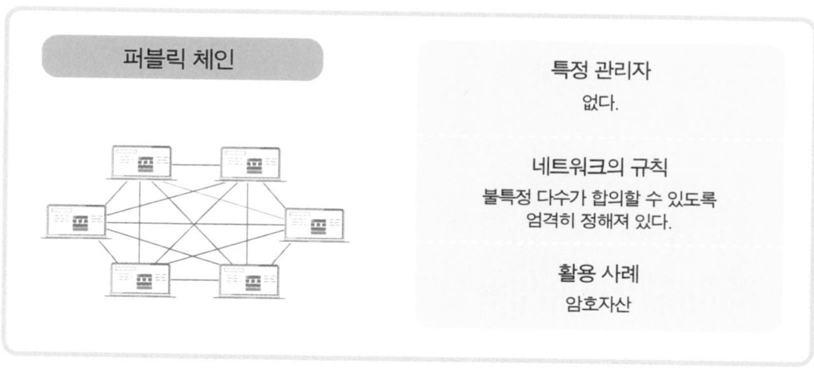

퍼블릭 체인
특정 관리자
없다.
네트워크의 규칙
불특정 다수가 합의할 수 있도록 엄격히 정해져 있다.
활용 사례
암호자산

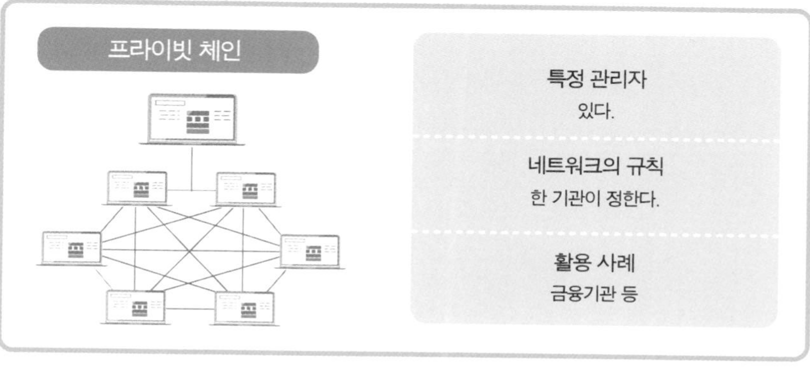

프라이빗 체인
특정 관리자
있다.
네트워크의 규칙
한 기관이 정한다.
활용 사례
금융기관 등

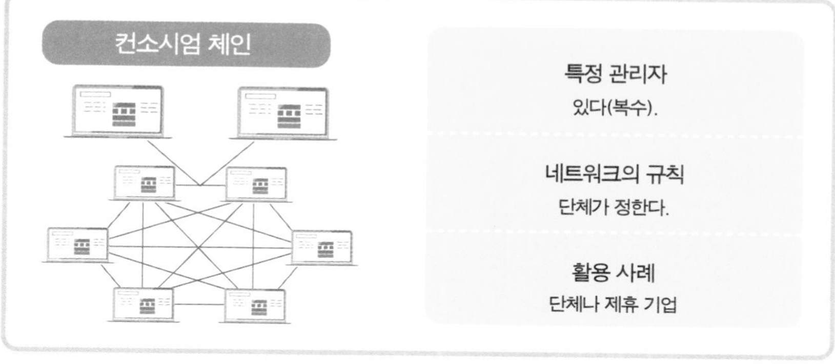

컨소시엄 체인
특정 관리자
있다(복수).
네트워크의 규칙
단체가 정한다.
활용 사례
단체나 제휴 기업

025 THE GUIDE TO NFT

네트워크상의 고유 ID를 발행할 수 있는 토큰 및 식별 사인이란?

▶ NFT에서는 토큰 ID를 보관 유지해서 유일성을 담보한다

파트 1에서 NFT의 데이터 구조는 **인덱스 데이터, 메타 데이터, 대상 데이터**의 세 계층으로 이루어져 있다고 설명했다. 또한, 이 파트에서 토큰이란 '어떤 표식'이라는 뜻의 용어로, NFT에는 ERC-721라는 토큰 규격이 많이 채택되고 있다고 말했다. 이들에 대해 더욱 자세하고, 구체적으로 설명해 보자.

NFT의 경우, 우선 대상 데이터(콘텐츠)가 존재한다. 그 명칭과 설명문 및 대상 데이터가 어디에 있는지 소재 정보가 메타 데이터 안에 기록되어 있다. 나아가 **콘텐츠의 ID(토큰 ID)**와 보유자의 주소 및 메타 데이터의 소재 정보가 인덱스 데이터에 기록된다.

암호자산 등 대체 가능 토큰(Fungible Token)과의 큰 차이점은 토큰 ID가 있다는 점이다. ID로 유일성을 담보하는 것이다. 한편, **암호자산의 블록체인 데이터에는 ID가 아니라 토큰의 양이 기록된다.**

ERC-721의 토큰 발행 순서는 아래와 같다.

① 토큰의 이름과 최소 단위를 정의

② 토큰 정보의 구조를 정의

③ 토큰의 보관 장소를 정의

④ 토큰을 발행(mint 함수라 불리는 함수로 발행한다)

또한, 대상 파일은 대부분 IPFS(Interplanetary File System)라는 위변조가 어려운 파일 시스템상에 보관된다.

토큰 ID로 NFT가 '유일무이'한 존재라는 사실 증명

인덱스 데이터에는 토큰 주소, NFT 보유자의 주소가 기재되어 있다. 메타 데이터로 링크되어 NFT 정보와 데이터가 특정되는 구조이다. 인덱스 데이터만 블록체인상에 기록하고, 그 외 데이터를 오프 체인에 두어 '이더리움'의 수수료(가스비)가 발생하지 않게 한다.

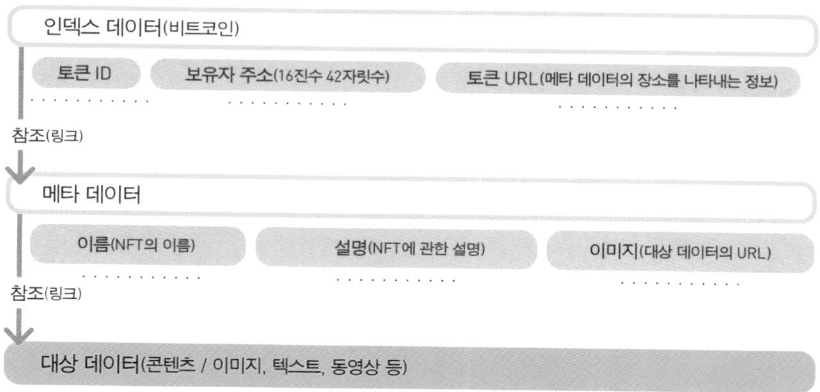

기존의 데이터 저장과 IPFS의 차이

IPFS는 콘텐츠 파일을 최대 256K바이트에 이르는 복수의 오브젝트로 분할하고, 각각을 링크시킨다. 각 파일은 변하지 않는다는 사실이 담보되어 위변조를 예방할 수 있다.

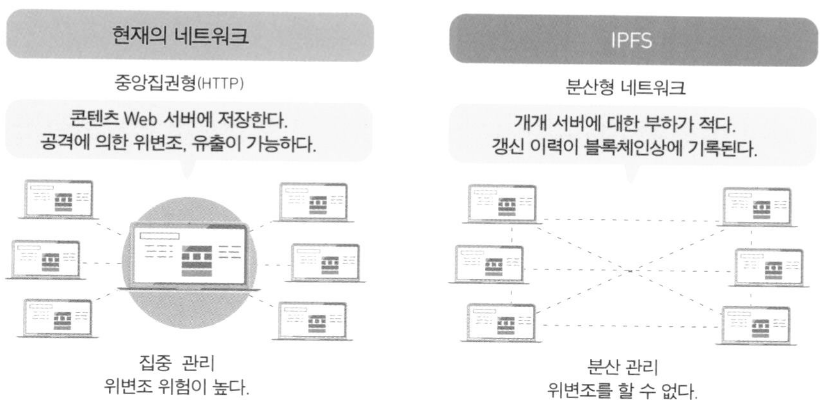

참고 : https://ascii.jp/elem/000/003/225/3225723/img.html

026 NFT의 요소인 스마트 계약 기술이란?

THE GUIDE TO NFT

▶ 스마트 계약과 블록체인의 공통 개념은 DAO(자립 분산형 조직)이다

스마트 계약이란, 법학자이며 암호 학자인 닉 사보(Nick Szabo)가 제창하고, 비탈릭 부테린(Vitalik Buterin)이라는 프로그래머가 이더리움을 기반으로 개발해 제공하기 시작한 **계약을 자동화하는 규약**이다.

사보는 스마트 계약의 구조를 자동판매기에 비유한다. 자동판매기는 지정된 금액의 화폐를 투입하고, 구입하려는 물건의 버튼을 누르면 자동으로 판매 계약이 실행된다. 매우 단순한 예지만, **계약을 사전 정의하고, 조건을 입력해 해당 조건이 이행되면 결제가 자동으로 이루어지는 스마트 계약 구조**의 좋은 예라고 할 수 있다.

스마트 계약은 **DAO**(Decentralized Autonomous Organization, 자립 분산형 조직)라는 개념에 바탕을 두고 있다. 이는 **중앙집권적인 관리자가 없는 네트워크형 조직**으로, 각각 자율 적인 네트워크 참가자가 자유롭게 행동함에도 불구하고, 조직 전체의 의사 결정이나 실행이 자동으로 행해지는 것이다.

블록체인(퍼블릭형)도 DAO의 개념을 실현한 것이라고 할 수 있으므로, 스마트 계약과 잘 맞는다. 따라서 이더리움을 기반으로 스마트 계약 기능이 실제로 구현된 것은 우연이 아니다.

또한, 스마트 계약의 명칭은 기반이 되는 시스템에 따라 다르다. 예를 들어 HLF(Hyperledger Fabric)에서는 체인코드(ChainCode)라 불린다.

▶ '스마트 계약'은 자동판매기의 기능에 비유

상품의 가격을 설정, 표시한다.

원하는 상품을 정하고 금액을 지급한다.
= 조건의 입력, 조건의 이행
자동판매기에서 나온 상품을 손에 넣는다.
= 자동으로 계약 체결

▶ '스마트 계약'의 구조

스마트 계약을 실현하려면 계약 내용을 프로그램으로 작성해야 한다. '이더리움'에는 구조적으로 프로그램을 포함시킬 수 있기 때문에 '스마트 계약'을 기동할 수 있었다.

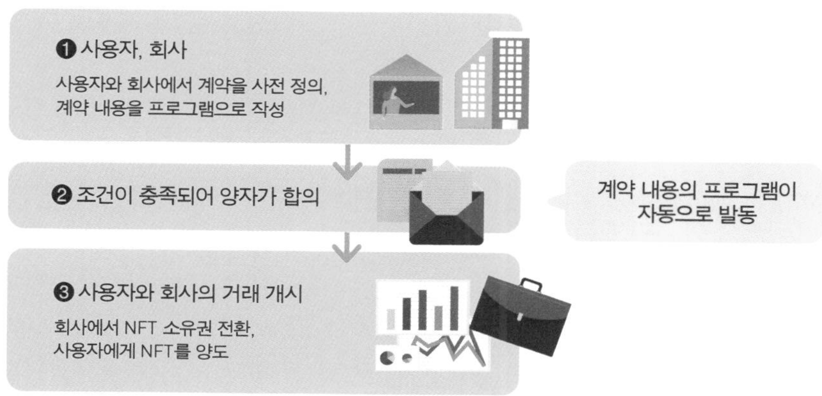

❶ 사용자, 회사
사용자와 회사에서 계약을 사전 정의,
계약 내용을 프로그램으로 작성
❷ 조건이 충족되어 양자가 합의
계약 내용의 프로그램이
자동으로 발동
❸ 사용자와 회사의 거래 개시
회사에서 NFT 소유권 전환,
사용자에게 NFT를 양도

Column

NFT 발행자가 여러 가지 관점에서 NFT 기반을 선택할 수 있도록 하는 시스템

지금까지 여러 번에 걸쳐 대표적인 NFT 운용 시스템이 이더리움이라고 말해 왔다. 그러나 최근에는 이더리움 외의 블록체인 시스템이 이용되고 있다. 즉 다양한 NFT 시스템 중에서 선택할 수 있게 되면서 NFT 발행자 측의 편리성이 점차 향상되고 있다.

현재 이더리움 외에 많이 사용되는 블록체인은 다음 네 가지이다.

① 플로우 블록체인(FLOW Blockchain)

크립토키티나 NBA 탑 샷 등으로 유명한 대퍼랩스가 개발한 블록체인이다. 게임이나 앱에서 이용되는 디지털 자산의 거래에 초점을 맞추고 있으며, 고속 처리가 가능하다.

② 폴리곤(Polygon)

폴리곤은 이더리움의 확장성 문제(기입량이 증가하면 송신 지연이 발생하는 문제)를 해결하기 위한 세컨드 레이어라는 기술의 하나이다.

③ 니어 프로토콜(Near Protocol)

샤딩이라는 데이터베이스의 부하 분산 기술을 채택해 고속 처리와 소액의 수수료를 실현한 블록체인이다.

④ 폴카닷(Polkadot)

블록체인 간의 연계를 목적으로 하는 프로젝트로, NFT 전용 블록체인의 개발도 발표되었다. 특정 블록체인에 얽매이지 않는 NFT의 유통이 기대되고 있다.

PART

3

일본 기업의

NFT 참여 현황 및 비즈니스 활용 사례

027 THE GUIDE TO NFT

NFT를 이용한 콘텐츠 유통 혁명을 목표로 하는 '아담 바이GMO'

▶ 여러 종류의 결제와 여러 언어를 지원하는 엔터테인먼트 작품을 대상으로 하는 NFT 시장이 있다

GMO 인터넷 그룹인 GMO 아담은 2021년 8월 31일에 NFT 시장인 아담 바이GMO(Adam byGMO)의 베타판을 제공하기 시작했다.

GMO 사가 발표한 뉴스에서는 'NFT를 활용한 콘텐츠 유통 혁명을 지원할 목적으로, 진정성과 안전성이 높은 디지털 콘텐츠의 결제와 유통을 실현하는 NFT 판매와 구입을 위한 플랫폼'이라고 그 목적을 설명하고 있다.

같은 해 12월 영문판을 제공하면서 정식 서비스를 시작했다. 영문판에서는 신용카드와 이더리움으로 결제가 가능하고, 일본어판에서는 이들과 더불어 일본 엔의 계좌 이체도 가능하다. 다만, 판매자가 결제 방법을 지정하는 형태이므로, 메타마스크 등의 월렛을 설치해 두는 것이 좋다. 중국어(간체자)도 지원될 예정이다.

작품을 구입할 때마다 **창작가에게 저작권료가 지급되는 구조이므로, 팬은 작품을 구입함으로써 창작가를 지원**할 수 있게 되어 있다.

아트나 만화, 일러스트, 스포츠와 같은 일반적인 엔터테인먼트 콘텐츠와 함께 유튜버의 NFT 콘텐츠를 갖추고 있다는 점이 특징이다. 예를 들어 등록자 수가 약 430만 명인 유튜버 히카루(ヒカル) 씨의 동영상 콘텐츠나 아트 작품이 판매되어 화제가 되었다. **소유자만 시청할 수 있는 한정 콘텐츠**도 제공되고 있다.

‘아담 바이GMO’의 특징: 간단하고 다양한 결제 수단

간단하고 편리한 플랫폼 + 다양한 결제 수단

암호자산을 취급하는 데 익숙하지 않아도 쉽게 NFT 콘텐츠를 구입할 수 있다. + 2차 판매 & 창작가를 지원할 수도 있다. 작품을 구입할 때마다 NFT 콘텐츠의 창작가에게도 저작권료가 지급되는 구조이다. + 2021년 3월부터 영문판을 제공하기 시작했다. 영어권 사용자의 구입 및 출품도 원활하여 이용이 더 확대될 듯하다.

쉽게 시작할 수 있다. 4단계로 무료 회원 등록

❶ ‘신규 등록’→‘등록 화면’

‘아담 바이GMO’의 메인 페이지 메뉴에서 ‘신규 등록’을 클릭, 메일 주소를 등록한다.

❷ ‘사용자 설정’

송신된 메일의 URL 링크를 클릭하면 나오는 ‘사용자 설정’ 화면에서 사용자 ID와 패스워드를 설정한다.

❸ ‘전화번호 인증’을 실시

휴대 전화번호를 등록하고, 송신된 문자 메시지에 기재된 인증번호를 입력한다.

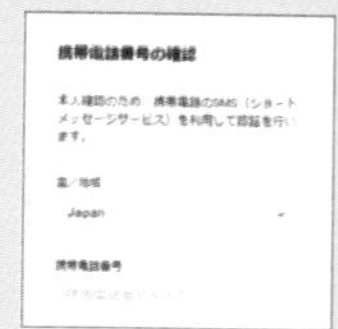

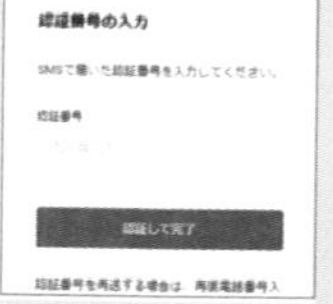

❹ ‘생일 입력’과 ‘이용 규약 동의’

위의 과정을 거쳐 로그인한 상태에서 메인 페이지로 이동해 메뉴에서 계정 정보를 입력할 수 있다.

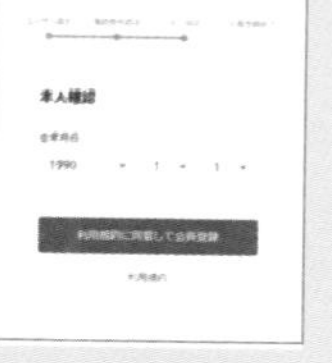

※첫 번째 출품은 인정 대리점을 경유하도록 되어 있다.

028 라인이 운영하는 암호자산 거래소 '비트맥스(BITMAX)'와 '라인 NFT'

THE GUIDE TO NFT

▶ 라인을 사용한다면 라인 경제권 안에서 쉽게 NFT를 거래할 수 있다

라인은 2018년의 라인 블록체인 랩(LINE Blockchain Lab)을 설립하고, 여러 가지 블록체인 사업을 추진, 2020년 8월부터 NFT 사업에도 주력해 왔다. 나아가 2021년 6월에는 NFT 시장 베타를 개설해(운영회사는 자회사인 LVC), NFT 시장 사업에 참가했다. 결제 수단은 라인이 발행하는 암호자산 '링크'에 한정되지만, 그래서 수수료가 발생하지 않는다. 또한, NFT 시장 베타는 2022년 4월부터 '라인 NFT'로 갱신되어 결제 수단으로 일본 엔이 추가되었다.

라인 NFT의 기반은 암호자산 거래소인 **비트맥스**(운영은 LVC)와 결제 도구인 **라인 비트맥스 월렛**이다.

비트맥스는 2018년 1월에 개설된 암호자산 거래소이며, 비트코인, 이더리움, 리플, 비트코인 캐시, 라이트 코인, 링크 등 여섯 종류의 암호자산을 취급한다. 라인 페이와 연계할 수 있으며, 그에 따라 입출금 수수료가 저렴해지고, 나이를 확인하는 번거로움을 덜 수 있으며, 라인 포인트가 쌓이는 등의 이점이 있다.

라인 NFT의 최대 강점은 **일본 내에 8,400만 명의 활동 사용자가 있는 라인(2020년 3월)과 연계**하고 있다는 점일 것이다. 라인 비트맥스도 라인 비트맥스 월렛도 라인 내 하나의 서비스로 이용할 수 있다. 라인 사용자라면 특별히 앱을 설치하지 않아도 즉시 NFT 거래를 시작할 수 있다는 점이 매력이다.

‘라인 NFT’의 구조

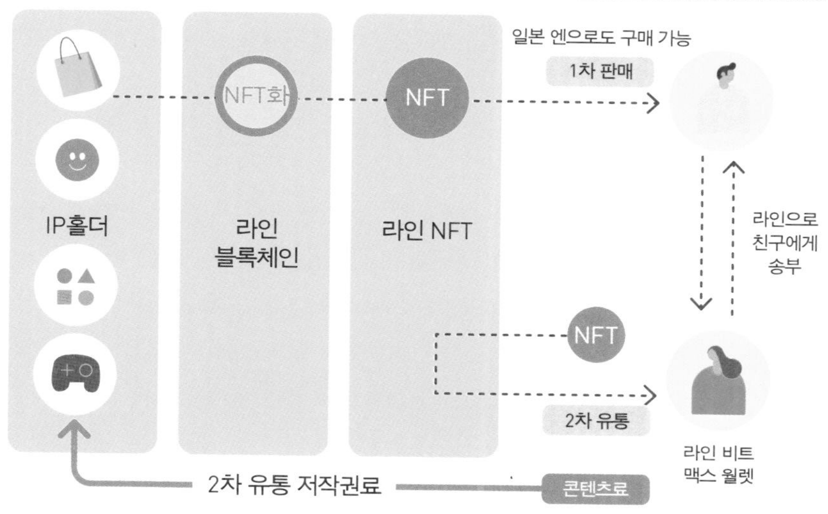

1차 판매

IP홀더는 ‘라인 블록체인’상에서 발행된 NFT의 1차 판매부터 2차 유통까지를 원스톱으로 실시할 수 있다. 사용자는 IP홀더가 출품한 NFT를 검색해 일본 엔으로 구입할 수 있다.

2차 유통

IP홀더는 2차 유통 과정에서 콘텐츠료를 설정해 저작권료로서 수익을 얻을 수 있다. ‘라인 비트맥스 월렛’으로 소유 중인 NFT를 사용자 간에 거래해 사용자가 2차 유통을 통해 좋아하는 콘텐츠를 응원할 수 있다.

참고 : https://prtimes.jp/main/html/rd/p/000003509.000001594.html

‘라인 비트맥스’, ‘라인 비트맥스 월렛’의 이용 방법

라인 내의 서비스로 제공되고 있으므로, 신규로 앱을 설치하지 않아도 된다. 라인을 열어 서비스를 추가하고, 설정하면 이용할 수 있다. 지금에 라인 페이를 등록하면, 편리하고 혜택도 누릴 수 있다.

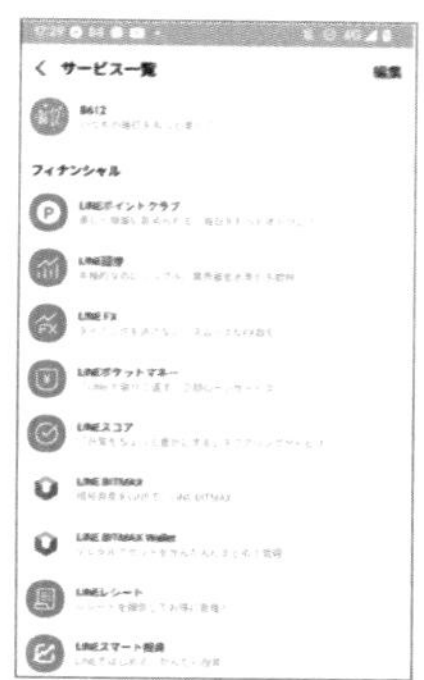

029 NFT의 민주화를 목표로 하는 '라쿠텐 NFT'

THE GUIDE TO NFT

▶ NFT 초심자가 알기 쉽고, 사용하기 쉬운 서비스를 제공한다

2021년 8월 라쿠텐 그룹은 스포츠나 음악 애니메이션을 비롯한 엔터테인먼트 등의 **NFT 시장 사업인 '라쿠텐(Rakuten) NFT'**를 2022년 봄에 시작한다고 발표했다. 그 후 2022년 1월 19일에는 서비스 시작 일을 2월 25일로 발표하는 동시에 쓰부라야(円谷) 프로덕션이 제작한 애니메이션 '울트라맨(ULTRAMAN)'의 CG 자산을 사용한 NFT를 발매한다고 발표했다.

라쿠텐은 2016년 8월에 라쿠텐 블록체인 연구소를 설립하고, 블록체인 기술에 특화한 연구를 진행해 왔다. 2019년 8월에는 라쿠텐 월렛으로 암호자산을 이용한 현물 거래 서비스를 일본 내에서 제공해 왔다. NFT 사업에 참가하는 것도 이러한 흐름의 일환이다.

라쿠텐 그룹 NFT 사업부의 우메모토 에쓰로(梅本悦郎) 총괄 매니저는 NFT는 누구나 참가할 수 있지만 일반인에게는 장벽이 높다고 지적하면서 라쿠텐 NFT가 내세운 아래와 같은 'NFT 초보자인 콘텐츠 팬과 수집가가 알기 쉽고 사용하기 쉬운 특징'은 **'NFT의 민주화'**를 목표로 하는 것이라고 말했다.

- **라쿠텐 ID를 이용한 신용 결제가 가능하다.**
- **암호자산이 아닌 법정 통화를 이용한다.**
- **결제하면 라쿠텐 포인트가 쌓여 사용할 수 있다.**
- **70개 이상의 라쿠텐 서비스를 통해 여러 가지 사업과 연동한다.**

라인이나 라쿠텐 모두 **디지털 기술을 잘 몰라도 기존 플랫폼을 이용해 쉽게 NFT를 거래할 수 있도록** 하여 조기에 사용자를 끌어들이려는 목적이 있다고 말할 수 있다.

‘라쿠텐 NFT’의 특징

‘라쿠텐 NFT’는 라쿠텐의 ‘프라이빗 블록체인’을 이용해 구축한 것이다. 결제에는 엔화를 사용할 수 있고, 라쿠텐 ID가 있는 사용자만 이용할 수 있다. ‘범위가 한정된 네트워크’ 안에서 NFT를 사고판다. 거래 수수료는 무료이다.

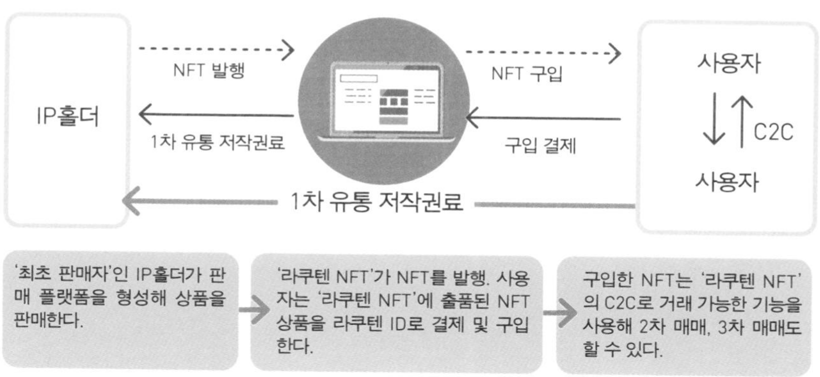

‘라쿠텐 NFT’의 사업 구상

거래 개시는 2022년 제1/4분기부터이다. 첫 해에는 일본 국내를 중심으로 사업을 전개하고 그 후 해외로도 시장을 확대할 예정이다.

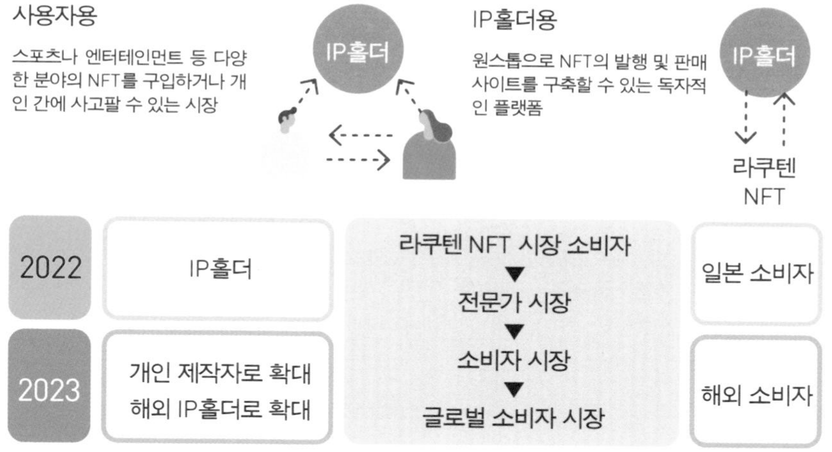

030 위조 리스크를 경감시키는 'NFT 인감' 공동 개발

THE GUIDE TO NFT

▶ 컨소시엄형 블록체인을 전자 인감에 응용하다

2021년 8월 샤치하타(シヤチハタ)는 블록체인 기술을 활용한 전자 인감 시스템 'NFT 인감'을 켄타우로스워크스(ケンタウロスワークス), 와세다 리걸 커먼즈(早稲田リーガルコモンズ) 법률 사무소와 공동 개발한다고 발표했다.

NFT 인감은 콘텐츠 관련 기업 26사(2022년 1월)로 이루어진 JCBI(Japan Contents Blockchain Initiative)가 운영 및 관리하는 컨소시엄형 블록체인을 이용해 관리된다.

향후 3사는 다양한 전자 계약 시스템에서 이용할 수 있는 API(Application Programming Interface, 응용 프로그램으로부터 호출 가능한 기능 부품)를 제공하여 다른 전자 계약 시스템을 이용하는 기업 간에도 전자 인감을 사용할 수 있도록 할 것이라고 한다.

이 서비스에는 크게 세 가지의 특징이 있다.

첫 번째는 **NFT로 이용자 본인의 식별 및 증명이 가능**한 일본 최초의 NFT 전자 인감이라는 점이다. 전자 인감 시스템은 이미 존재하지만, 해당 운영 회사의 서비스 안에서만 이용할 수 있었다. NFT의 경우에는 다양한 서비스에서 동일한 전자 인감을 이용할 수 있을 가능성이 있다.

두 번째는 **컨소시엄형 블록체인을 응용한 서비스**라는 점이다. 이로써 위변조 방지성과 처리 속도가 양립한다.

세 번째는 **기존의 승인 프로세스나 서류 포맷을 변경하지 않아도 된다**는 점이다. 이는 전자 인감만이 가능한 이점이라고 할 수 있다.

블록체인에 기록되는 NFT 인감

NFT 인감이 날인된 전자 문서에는 인감 소유자 및 NFT화된 도장 정보가 각인된다. NFT 인감의 도장을 클릭하면 날인 일시와 NFT 정보(토큰명, 토큰 ID, 소유자)가 표시된다. 날인 기록은 블록체인에 기록되므로, '언제, 누가, 무엇에 날인했는지'의 증거를 확실히 남길 수 있다.

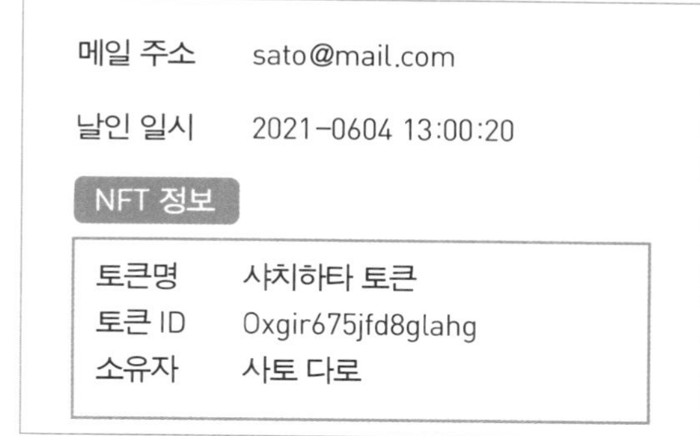

메일 주소 sato@mail.com
날인 일시 2021-0604 13:00:20
NFT 정보
토큰명 샤치하타 토큰
토큰 ID 0xgir675jfd8glahg
소유자 사토 다로

샤토하타 주식회사가 언론에 공개한 정보를 토대로 작성했다.

서비스의 특징

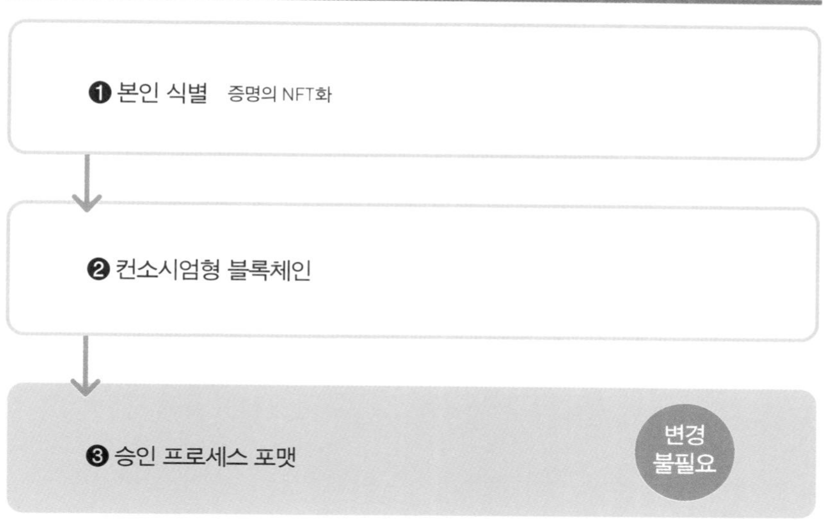

031 'SKE48 트레이딩 카드'가 팬에게 제공하는 새로운 가치

THE GUIDE TO NFT

▶ 크립토 스펠스에서 SKE48 트레이딩 카드를 사용할 수 있다

2021년 11월, 해시포트(HashPort)의 자회사로 NFT에 특화한 사업을 전개하는 해시팔레트(HashPalette)는 코인북(coinbook)과 업무를 제휴한다고 발표했다. 해시포트는 블록체인의 솔루션 공급자로, 신규 암호자산의 취급에 관한 서비스나 컨설팅을 제공하는 회사이다. 또한 코인북은 블록체인 기술을 이용해 디지털 IP를 발행하거나 유통 시장을 운영하는 회사이다.

이번 제휴는 코인북이 운영하는 NFTex를 해시팔레트가 개발하는 블록체인 팔레트(Pallette) 위에 리뉴얼하는 것이다. 해시팔레트는 향후 NFTex의 개발을 지원하는 외에 음악, 애니메이션 영역을 중심으로 일본 엔터테인먼트 콘텐츠의 NFT화를 공동으로 추진할 것이라고 발표했다.

공동 캠페인의 제1탄은 코인북이 제공하는 **스마트 앱 'NFT 트레이딩 카드'**로서, 이전부터 협업해 온 아이돌 그룹 SKE48의 미공개 NFT 트레이딩 카드를 무료로 배포했다.

코인북의 공식 사이트에서는 'NFT 트레이딩 카드'를 **'NFT로 즉시 변경할 수 있는 디지털 트레이딩 카드이며, NFT의 데이터, 그 안에 포함되어 호출 가능한 이미지, 음성, 동영상 등의 디지털 콘텐츠를 즉시 NFT로 만들 수 있는 데이터의 총칭'**이라고 설명하고 있다. 따라서 기존 트레이딩 카드와 같은 가치를 지니면서 게임의 아이템 등에 사용할 수도 있다.

예를 들면 크립토 스펠스에서 SKE48의 카드를 사용할 수 있는 등 SKE48의 팬은 지금까지 없었던 새로운 체험을 즐길 수 있게 된다.

NFT 트레이딩 카드의 구조

블록체인상에 '탤런트명', '공연명', '발행 매수', '구입자' 등의 데이터가 기록된다. '구입자 데이터'에는 이름 등 개인을 특정할 수는 없다.

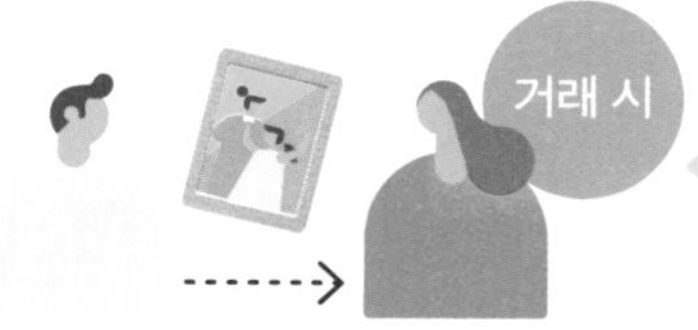

사용자 간에 사고팔 경우에는 새로운 '구입자' 정보가 블록체인상에 기록된다.

모든 거래의 이력을 Web상에서 누구나 열람 및 확인할 수 있기 때문에 NFT 트레이딩 카드 데이터가 진짜라는 사실이 보증되어 희소성이 담보된다.

NFT 트레이딩 카드의 이점

지금까지의 트레이딩 카드	NFT 트레이딩 카드
목적이 한정된다 '특정 게임에서 사용한다', '수집품으로서 모은다'라는 사용 목적이 한정된다.	**다른 서비스에도 사용할 수 있다** 다른 게임에도 가져갈 수 있는 구조이다. 선호하는 카드를 계속 애용할 수 있다.
카드의 가치가 사라진다 해당 게임이나 인기가 떨어지면 트레이딩 카드 자체를 소유하는 의미가 사라진다.	**자산이 된다** 무료로 배포되는 트레이딩 카드도 많다. 발행 매수가 한정되어 유일무이하기 때문에 소유했을 때의 만족감이 높은 데다가 장래적인 가치 상승 등 자산으로 이용할 수 있다.
가치를 이해하기 어렵다 시장 가치가 유동적이다. 카드 자체가 진품인지 감정이 필요하다.	**가치가 높아진다** 시장은 세계적으로 열려 있고, 사용자 간의 2차 유통도 활발하다. 장래적인 가치의 상승을 기대할 수 있다.

032 전자책의 상용 이용권을 제공하는 잡지 「사우나 랜드(サウナランド)」 외의 출판 이용

THE GUIDE TO NFT

▶ 한 권밖에 없는 잡지를 경매로 판매, 약 276만 엔(한화 약 2,760만원)에 낙찰되다

2021년 4월 블록체인 기술을 이용한 클라우드 펀딩 '파이낸시(FiNANCiE)'나 NFT 사업을 취급하는 '피난쉐(フィナンシェ)'는 미노와 고스케(箕輪厚介) 씨의 사우나 전문 잡지 「사우나 랜드」의 전자책을 NFT로 발행해 경매에 출품한다고 발표했다.

미노와 고스케 씨는 2018년부터 캠프파이어(CAMPFIRE)와 겐토샤(幻冬舎)가 공동 출자한 엑소더스(エクソダス)의 이사로서, 「사우나 랜드」는 2020년 10월에 캠프파이어에서 클라우드 펀딩을 시작, 10,791,640엔(한화 약 1억 7백9십만원)의 자금을 모아 미노와 고스케 씨에 의해 편집, 창간되었다.

경매에 출품된 것은 **「사우나 랜드」의 한정판 한 권의 NFT 전자책으로, 개인 이용뿐만 아니라 전자책을 출판 및 판매할 수 있는 상용 이용권이 부여된 것이다.** 경매는 오픈씨에서 이루어졌다. 2021년 4월 26일 10시에 시작해 23시에 종료, 낙찰 가격은 6.3814ETH(이더리움)였으며, 당시 시세로 하면 약 2,761,935엔(한화 약 2천7백6십만원)이었다.

팬 아이템의 NFT 시장 팬탑(Fantop)을 운영하는 미디어 두(メディアドゥ)와 도한(トーハン)은 공동으로, NFT 디지털 혜택이 부여된 출판물을 개발했다. **출판물에 부여된 16 자릿수의 코드를 읽어들이면 NFT 기프트가 발행**되는 구조이다.

출판업계가 불황이라고는 하지만, NFT와 조합함으로써 다양한 아이디어가 창출되기 시작했다. 앞으로 출판업계 내에 새로운 거대 비즈니스가 탄생할지도 모른다.

NFT 디지털 혜택이 부여된 출판물로부터 혜택을 얻는 방법

출판물에 부여된 카드의 QR 코드를 읽어 들이면 '미디어 두 NFT 시장'의 회원 등록 페이지로 이동한다. 회원 등록 후 카드의 16 자릿수 기프트 코드(NFT 교환 코드)를 입력하면 마이 페이지에 입수한 NFT 디지털 혜택이 저장된다.

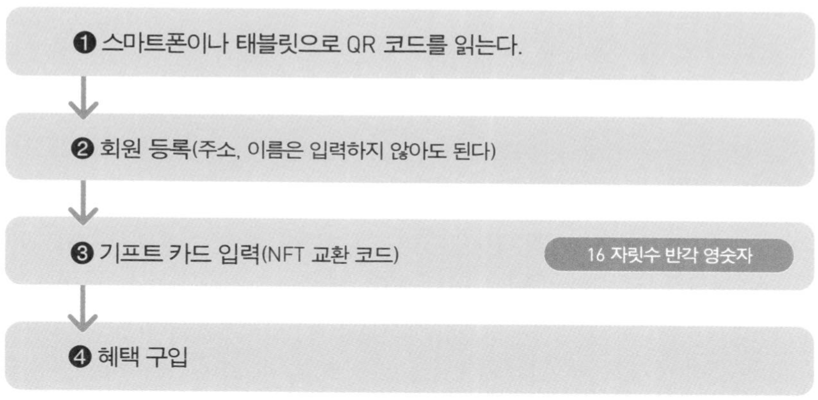

❶ 스마트폰이나 태블릿으로 QR 코드를 읽는다.
❷ 회원 등록(주소, 이름은 입력하지 않아도 된다)
❸ 기프트 카드 입력(NFT 교환 코드)
16 자릿수 반각 영숫자
❹ 혜택 구입

'데이터 소유형 전자책'의 가능성

	전자책	데이터 소유형 전자책	종이책
책, 데이터의 소유	×	○	○
서비스 종료 후의 열람권	×	○	○
책 매매(2차 유통)	×	○	○
개별 부가가치	×	○	○
온라인 열람	○	△	×

033 광고를 표시하지 않을 권리를 파는 '포브즈(Forbes)'의 회원권 시스템

THE GUIDE TO NFT

▶ 팔기도 가능한 NFT 회원권으로 광고가 없는 사이트에 액세스한다

스마트 폰 앱에서 흔히 볼 수 있는 것으로, 무료 이용 중에는 광고를 표시하고, 유료 회원이 되면 광고를 표시하지 않는 방식이 있다. 이러한 방법으로 유료 회원을 늘리는 방식은 구독 등에서는 비교적 일반적인데, **광고를 표시하지 않을 권리**를 판다는 발상은 없었다. 그런데 2019년 12월부터 미국의 경제 잡지 '포브즈'가 이를 시작했다.

블록체인 기업인 언락(Unlock)과 포브즈가 공동 개발한 서비스로, 포브즈의 '크립토 앤 블록체인(Crypto & Blockchain)' 페이지의 '광고의 무료 체험 잠금 해제' 문안을 클릭하면 자신의 월렛에서 요금을 지급하게 된다. 이용할 수 있는 것은 월렛인 메타마스크와 코인베이스 월렛(Coinbase Wallet), 혹은 월렛이 도입된 브라우저인 브레이브(Brave)와 오페라(Opera)이다.

구체적으로는 회원권 토큰을 구입하는 것인데, 광고가 표시되지 않는 사이트에는 회원권 토큰이 없으면 들어갈 수 없는 구조이다.

가격은 주간이 0.0052ETH(당시 약 23엔), 월간이 0.0208ETH(약 293엔), 그 밖에 네트워크 수수료가 붙는다. **기한이 지나면 스마트 계약의 구조에 따라 권리가 자동으로 사라진다.** 도중에 필요 없어지면 오픈씨 등에서 되팔아 권리를 다른 사람에게 이전할 수도 있다.

회원권을 NFT로 판매하는 서비스는 점차 늘고 있으며, 일본에서는 산쉐어(サンシェア)가 운영하는 바이넷(Buynet)이 주목을 받고 있다. 2021년 6월에 시작한 베타판 서비스에서는 첫 번째 판매로서 **페라리를 반영구적으로 이용할 수 있는 NFT 회원권을 판매했다.**

『포브즈』지의 회원권을 NFT화

『포브즈』의 Web 사이트 광고가 표시되지 않도록 하려면 '광고 미표시의 잠금을 해제하는 키'를 구입해야 하는데, '메타마스크', '코인베이스 월렛', '오페라' 등의 암호자산을 사용해 구입한다.

❶ 블록체인 기업인 언락과 '포브즈'가 공동 개발한 'forbes.com' Web 사이트에서 '크립토 앤 블록체인' 페이지의 기사를 클릭한다.

❷ '광고의 무료 체험 잠금을 해제한다(Unlock an ads free experience)' 버튼을 누르면 키를 구입할 수 있다.

❸ 준비한 자신의 월렛에서 지급하면 마이닝하기 이전 시험판 'forbes.com'의 Web 사이트 전체에서 구입한 키의 기간 동안 광고가 표시되지 않는다.

❹ 마이닝되면 사용자는 멤버십을 나타내는 NFT 토큰을 받는다. 이것은 다른 NFT와 마찬가지로 '오픈씨' 등의 시장에서 되팔 수도 있다. 회원권의 기한이 지나면 '스마트 계약'의 구조에 따라 권리가 자동으로 사라진다.

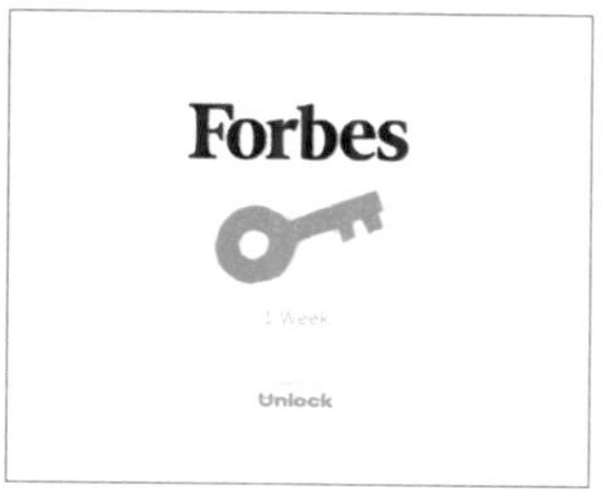

https://www.forbes.com

'페라리 이용권'의 NFT 회원권 내용

이 회원권의 이용 조건은 '매월 10시간', '혹은 30km 범위 내'에서 이용 가능하다. 이 상한을 초과한 경우에 아래의 초과 요금이 발생한다.

- 1시간: 2,000엔(세금 포함 2,200엔)
- 1km: 1,000엔(세금 포함 1,100엔)

또한, 심야, 조조(22:00~8:00)에 대여 또는 반환하는 경우에는 별도로 3,000엔(세금 포함 3,300엔)의 심야 조조 할증 요금이 발생한다.

https://buynet.io

034 가상공간에서 신발을 NFT화하여 고객 체험을 쇄신하는 '나이키'

THE GUIDE TO NFT

스포츠용품 업체가 NFT 스튜디오를 인수하다

앞서 원색의 NFT 버추얼 스니커즈를 소개했는데, 세계 제일의 스포츠 신발 업체인 나이키도 이미 시장에 참가하고 있다.

나이키는 2021년 12월 13일자(현지시간) 배포 기사에서 디지털 스니커즈 등을 만든 NFT 스튜디오인 '아티팩트(RTFKT)'를 인수한다고 발표했다. 인수 조건은 공개하지 않았다.

나이키의 사장 겸 CEO인 존 도나호(John Donaho)e 씨는 "이 인수는 나이키의 디지털 트랜스포메이션을 가속화해 스포츠, 창조성, 게임, 문화의 교차점에서 운동 선수와 작가에게 서비스를 제공할 수 있도록 하는 또 하나의 발걸음"이라고 말했다.

아티팩트는 2020년 1월에 결성된 **NFT화된 메타버스(컴퓨터 네트워크 내의 3차원 가상공간) 패션을 대표하는 브랜드**이다. 10대 디지털 아티스트인 푸오셔스(FEWOCiOUS) 씨와 제작한 약 3.2억엔의 버추얼 스니커즈를 7분도 안 되어 판매하면서 화제가 되었다.

또한, 나이키는 2019년 11월에 게임 플랫폼인 로블록스(Roblox)에 3차원 가상 공간인 메타랜드(METALAND)를 열고 메타버스 시장에 참가했다. 나아가 **이더리움을 기반으로 신발의 소유권을 NFT화하는 특허**를 갖고 있다.

인수라는 형태를 취하고 있지만, 나이키는 아티팩트의 성장을 목표로 하고 있다. 향후에는 이러한 메이커와 NFT 브랜드의 자본 관계를 동반하는 협업이 증가할 것이다.

메타버스에 나이키 가상 매장이 등장

2021년 11월 나이키는 게임 플랫폼 '로블록스 내에 나이키랜드'를 개설했다. 메타버스에서 나이키 팬들이 서로 연결되어 체험을 공유하는 등을 목적으로 하고 있다.

https://nike.jp/nikebiz news/2021/11/22/4956/

'아티팩트(RTFKT)'란?

2020년 1월부터 활동하고 있는 디자인 그룹이다. 메타버스에서 사용할 수 있는 디지털 스니커즈나 의류, 아바타 등을 NFT로 제작, 판매하고 있다. 창업자는 '파고토', '스티븐', '크리스' 3명으로 15년 지기들이다.

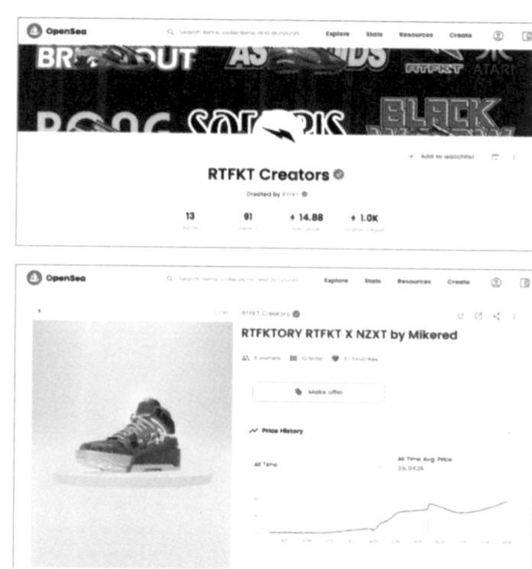

'오픈씨' 내의 '아티팩트' 판매 페이지.
판매 22일 만에 6만 달러의 가격이 붙었다.
https://opensea.io/assets/0x993092 9903f9c6c83d9e7c70d058d03c37 6a8337/10

035 THE GUIDE TO NFT 전자 계약을 안전하고 효율적으로 프로그램할 수 있는 '오픈로(OpenLaw)'

▶ 시스템 개발자가 간단하고 안전한 전자 계약 시스템을 구축하다

오픈로는 블록체인(스마트 계약)을 응용한 법**률 계약의 작성 및 실행을 위한 프로토콜**이다. 프로토콜이란 시스템을 기동하기 위한 규약이며, 이에 따르기만 하면 여러 명의 독립된 개발자가 각각 개발한 시스템 간 호환이 가능하게 된다.

인터넷을 이용한 전자 계약은 효율화라는 면에서는 일정한 성과를 올려 왔지만, 정보 유출이나 위변조와 같은 보안상의 문제가 지적되어 왔다. **오픈로를 이용하면 사용자는 효율적일 뿐만 아니라 안전한 전자 계약을 실행할 수 있다.**

오픈로가 제공하는 기능은 다음 다섯 가지이다.

① First Draft

확장 가능한 법적 계약 컴포넌트와 그것에 액세스하기 위한 마크업 언어, 법적 합의를 신속화하는 화면 작성

② Relayer

스마트 계약을 기동(반복 기동도 가능)

③ Sign & Store

전자 서명의 실시와 보호

④ Token Forge & Smart Contract Components

법적 계약에 의거한 NFT 자동 생성

⑤ Forms & Flows

복잡한 워크플로(일련의 순서) 작성

‘계약’의 과제를 해결하는 NFT

‘스마트 계약(전자 계약)’의 기능을 갖춘 ‘NFT’의 활용은 향후 기존 비즈니스에도 크게 영향을 미칠 것이다.

‘계약의 전자화’를 법률가에게 제공하는 ‘오픈로(OpenLaw)’

NFT를 이용하면 기존의 법적 계약 실무, 부동산 거래나 자동차의 매매 등도 효율적으로 실시할 수 있다. 시스템 관리 책임자, 법률가가 직접 전자 계약 시스템을 구축할 수 있는 것이 ‘오픈로’의 특징이다. 전통적인 계약과 ‘스마트 계약’을 연결한 최초의 프로젝트이다.

기존 계약서의 문제

- 계약 문서는 명료하지 않아 리스크가 있다.
- 담당자의 확인, 서명에 이르기까지 번거롭고, 시간이 걸린다. 그래서 계약이 커지면 시간과 비용이 늘어난다.
- 문서의 보관이나 이동이 안전하다고 하기 어렵다.

‘스마트 계약’을 이용한 해결

- 계약을 프로그램으로 만들면 명료하여 애매하지 않다.
- 계약 문서를 템플릿으로 만들면 개개의 작성 비용이 경감된다.
- 전자 문서이므로, 일일이 서명하는 부담이 경감되어 효율적이다.
- 계약 문서는 전자적으로 저장되며, 언제든지 열람할 수 있다.

036 THE GUIDE TO NFT 암호자산을 사용하지 않고 작품을 NFT화할 수 있는 '크립토리스(Cryptoless) NFT'

▶ NFT 콘텐츠의 판매 대행업자들이 잇달아 등장하다

라인 등에서 NFT 콘텐츠를 쉽게 판매할 수 있게 되었지만, 세계 최대 규모인 오픈씨에 판매하려는 창작자도 많을 것이다.

그러나 오픈씨에 처음으로 출품할 때는 ① 암호자산 거래소에 등록, ② 본인 확인 절차, ③ 월렛 작성, ④ 암호자산을 구입, ⑤ 오픈씨에 등록, ⑥ 본인 확인 절차, ⑦ 판매 등 크게 일곱 개의 단계를 거쳐야 한다. 게다가 그 후 매출 관리나 세무 처리 등의 사무와 마케팅도 필요하다.

그래서 **NFT 콘텐츠의 출시나 판매에 따른 여러 가지 사무를 번거롭게 생각하는 창작가를 위해 작품을 NFT로 만들어 출시할 뿐 아니라 기타 사무를 대행하는 서비스**가 등장하고 있다.

NFT 콘텐츠 출시 대행 서비스인 크립토리스 NFT를 이용하면 이미지, 동영상, 음성, 문서, 3D 아트 등의 출시 절차를 전부 대행해 주는 한편, **판매와 매출 관리, 설명 글의 번역(해외용)이나 재작성, 나아가 무료 프로모션 광고도 대행해 준다.** 요금은 3,000엔(한화 약 3만원)부터(단, 최초에는 별도의 기본요금이 있다)이므로, 비용 면에서의 장벽도 낮아지고 있다.

NFT 시장에 대한 관심이 높아지면서 NFT 출품 대행업자도 늘고 있다. 기업이 아닌 개인이 대행하는 경우도 있으며, 이는 클라우드 소싱으로 쉽게 찾을 수 있다. 컨설팅 서비스도 있다. 사무가 서툴고, 제작에 집중하고픈 창작가도 안심하고 쉽게 출시할 수 있는 시대가 되었다.

NFT 콘텐츠 대행 서비스 '크립토리스 NFT'가 할 수 있는 일

서비스 내용

- 계정 작성
- NFT 발행, 출시
- 판매, 매출 관리
- 문장 번역, 재발행
- 무료 프로모션 광고

지원 파일 형식

- 이미지(일러스트, 사진 등)
- 음성(음악, 사운드 로고 등)
- 3D(오브젝트, AR 등)
- 영상(비디오, 애니메이션 등)
- 문서(시, 소설 등)
- 기타 예능계 아이템 등

https://jp.cryptolessnft.com

'크립토리스 NFT'를 이용한 출시 과정

출시자

- 작품 데이터 준비
  파일 형식을 알지 못하면 상담도 할 수 있다.
- 견적 상담
- 서비스료 결제
- 등록용 폼을 받는다
  아티스트 정보, 작품 정보를 제공한다.
- 출시 완료
  작품 URL을 공유한다.
  매출 상황을 확인할 수 있다.

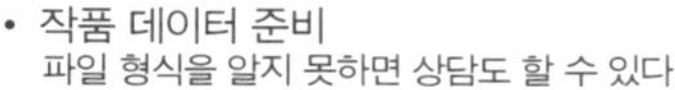

대행자

- 상담 의뢰를 받는다
- 출시자의 작품 장르나 수, 예산 파악
- 출시할 NFT 시장 선정
- 아티스트 정보, 작품 정보를 받는다
  모든 정보를 확인하고, NFT로 출시한다.

NFT가 팔리면 대금을 출시자 계좌로 송금

037 주요 분야의 NFT 비즈니스 사례 - 해외 편

THE GUIDE TO NFT

▶ 메타버스나 음악, 아트 등 외에 환경 관련 사례도 있다

지금까지 NFT를 활용한 몇몇 비즈니스 사례를 봐왔는데, 그 밖의 사례를 몇 가지 살펴보자. 먼저 해외 사례이다.

• **디센트럴랜드(Decentraland)**
메타버스 시장에서 특히 각광받고 있는 프로젝트이다. 메타버스상에서 플레이할 수 있는 블록체인 게임 플랫폼이지만, 메타버스 내의 토지나 부동산도 NFT화되어 있어 현실 세계에서도 자산 가치를 갖는다. 메타버스 내의 거래는 모두 독자적인 암호자산 마나(MANA)로 이루어진다. 디센트럴랜드가 발전하면서 마나의 가치가 상승할 것으로 예상되고 있다.

• **블라우(3LAU)**
1991년에 태어나 라스베이거스를 거점으로 활동하는 EDM(Electronic Dance Music) 프로듀서이다. NFT 음악의 선구적인 존재 중 한 사람이다. 니프티 게이트웨이(Nifty Gateway)로 NFT 싱글 〈에브리씽(EVERYTHING)〉을 발매하고, 그와 동시에 음악이나 댄스, 아트를 목표로 하는 학생을 지원하기 시작했다. 과거의 곡에 협업 권리 등의 혜택을 부여한 NFT 경매가 총 12억 엔에 이른다.

• **노리 탄소 배출권 시장(The Nori Carbon Removal Marketplace)**
기후 변동 문제의 해결에 목적을 둔 CO_2 거래 NFT 시장이다. 제거된 CO_2를 기업이나 소비자에게 NFT로서 제공하고, CO_2 배출량 제로를 목표로 한다. NFT를 활용함으로써 효율적이고 낮은 비용으로 CO_2를 제거할 생각이다.

해외 주요 분야의 NFT 비즈니스 사례

명칭	분야	토픽	사업자 등
노운 오리진 (KnownOrigin)	아트	중개자가 필요 없이 수집가에게 직접 판매할 수 있는 NFT 예술 작품 시장	블록로켓 (BlockRocket)
NBA 탑 샷 (NBA Top Shot)	스포츠	NBA 선수의 하이라이트 샷(디지털 카드) 판매	대퍼랩스
칠리즈	스포츠	유럽의 톱 FC의 팬 토큰 취급	칠리즈
나이키	패션	NFT 스튜디오 아티팩트 인수, NFT 사업에 참가	나이키, 아티팩트
크립토키티	게임	세계 최초의 NFT를 활용한 블록체인 게임	대퍼랩스
엑시 인피니티 (Axie Infity)	게임	가상의 생물을 육성하거나 싸우게 할 수 있는 블록체인 게임	스카이 마비스 (Sky Mavis)
디센트럴랜드	메타버스	메타버스상의 블록체인 게임 플랫폼	
크립토복셀 (Cryptovoxels)	메타버스	토지나 아이템이 NFT로서 존재하며, 이더리움으로 매매 가능	
샌드박스	메타버스	게임 내에서 육성한 캐릭터나 얻은 아이템을 NFT 시장에서 매매	
데드마우스	음악	캐나다 출신의 음악 프로듀서이며 DJ. 음악 NFT 비즈니스의 선구적 존재	데드마우스
블라우	음악	미국 출신의 음악 프로듀서이며 DJ. 초기 단계부터 NFT 출시	블라우
켈빈 해리스 (Calvin Harris)	음악	스코틀랜드 출신의 음악 프로듀서이며 DJ. '세계에서 가장 돈을 잘 버는 DJ'로 유명	켈빈 해리스
갈란티스 (Galantis)	음악	스웨덴 출신의 음악 프로듀서이며 DJ. 브리트니 스피어스 외 프로듀싱	갈란티스
제드 (Zedd)	음악	독일 태생의 음악 프로듀서이며 DJ, 그래미상에서 최우수 댄스 레코딩상 수상	제드
비광고 사이트 회원권	출판	광고 없이 기사를 열람할 수 있는 권리를 NFT로 판매. 권리는 기한이 경과하면 자동으로 사라짐	포브스, 언록(Unlock)
디지틱스 (DigiTix)	티켓	이더리움상에 구축된 이벤트 티켓 판매 플랫폼	디지틱스
밸류너블 (Valunables)	소셜 미디어	사용자가 투고한 트윗을 간단하게 NFT화하여 거래할 수 있는 트윗 시장	센트(Cent)
노리 탄소 배출권 시장 (The Nori Carbon Removal Marketplace)	환경	CO_2 매매를 위한 NFT 시장 CO_2를 NFT로 기업이나 소비자에게 제공	노리 (NORI)

038 주요 분야의 NFT 비즈니스 사례 - 일본 편

THE GUIDE TO NFT

▶ 일본 내에서도 이미 폭넓게 NFT가 활용되고 있다

폭넓은 분야에서 NFT가 활용되는 예가 일본 내에서도 서서히 등장하고 있다.

• '온센무스메(温泉むすめ)' 프로젝트

'온센무스메(온천 아가씨라는 뜻-옮긴이)'는 코로나 사태로 타격을 받은 일본 전국의 온천을 지원하기 위해 엔바운드(エンバウンド)가 시작하고, 관광청이 후원하는 프로젝트이다. 전국의 온천지를 모티프로 2차원 캐릭터를 제작해 코믹이나 노벨, 게임 등 미디어에 등장시켜 지원금을 조달한다.

이 프로젝트에 에스비아이NFT, 엠피에이(MPA), 일본 암호자산 시장이 합류해 일본을 대표하는 인바운드용 콘텐츠의 하나로 선출되었다.

• 나조노야시키노가레키(謎の屋敷のガレキ)

다이탄(タイタン)이 운영하는 커뮤니티 '웨스트 랜드의 부치라지! 나조노야시키 아토치(수수께끼 저택의 흔적이라는 뜻-옮긴이)'를 개설하기 위해 판매한 한정 콘텐츠에 대한 액세스권이 있는 NFT가 '나조노야시키노가레키'이다.

클라우드 펀딩인 캠프파이어가 모바일 팩토리인 유니마 및 블록베이스(BlockBase)가 개발하는 NFT 협업 툴 크랜베리(cranvery)와 연계해 캠프파이어 커뮤니티의 리턴으로서 NFT를 설정할 수 있게 되었다. 그 첫 번째 프로젝트가 '웨스트 랜드의 부치라지! 나조노야시키 아토치'였다. NFT는 유니마에서 발행하고, 발행된 NFT에의 액세스 권한 관리에 크랜베리를 이용한다.

▶ 일본 내 주요 분야의 NFT 비즈니스 사례

명칭	분야	토픽	사업자 등
스타스(STARS)	아트	스타스가 NFT 아트 사업자인 신화 와이즈 홀딩스(Shinwa Wise Holdeings)와 제휴	스타스, 신화 와이즈 홀딩스
필마크스 x 콴(Filmarks x Quan)	아트	IP 홀더나 창작가를 대상으로 컨설팅 및 실무 지원	쓰미키(つみき), 쿠온(クオン)
사무라이 크립토스(SAMURAI cryptos)	아트	첫 번째 아트로 고바야시 마코토(小林 誠) 씨의 작품을 오픈씨에서 경매로 판매	더블점프(doublejump), 도쿄(tokyo), 곤조
키즈나아이(キズナアイ) NFT 화	엔터테인먼트	메타니(Metaani)는 메케조(mekezzo) 씨와 미소시타(MISOSHITA) 씨에 의해 설립	키주나 에이아이(Kizuna AI), 메타니(Metaani)
SKE48 트레이딩 카드	엔터테인먼트	해시팔레트가 개발하는 Pallette상에 리뉴얼	해시팔레트, 코인북
클라우드 펀딩 리턴의 NFT 활용	클라우드 펀딩	캠프파이어가 유니마, 크랜베리와 제휴	캠프 리(CAMP RE), 모바일 팩토리, 블록베이스(BLockBase), 타이탄
퍼즐 링크(PuzzleLink)	게임	플라티나에그(プラチナエッグ)가 개발, 운영하는 NFT 퍼즐 사이트	플라티나에그
마이 크립토 히어로즈(My Crypto Heros)	게임	일본에서 시작된 블록체인 MMORPG	더블점프(doublejump), 도쿄(Tokyo)
NFT 디지털 혜택 출판물	출판	NFT 디지털 혜택 출판물을 각 출판사와 공동으로 개발	도한, 미디어 두, 출판사 다수
「사우나 랜드」 경매	출판	오픈씨에서 이루어진 경매에서 약 2,761,935엔에 낙찰	파이낸시
J리그 공식 라이선스 게임	스포츠	J 리그와 라이선스를 체결하고 J1, J2의 800명 이상 선수가 실명, 실사로 등장	원스포츠(OneSports), 액셀 마크, J 리그
'기프팅 × NFT'	스포츠	엔게이트(エンゲ__ト)가 NFT 기프팅을 판매할 예정	엔게이트, 한신 타이거즈(阪神タイガ__ス) 외
온스 컬렉션(ONS COLLECTION)	스포츠	콘텐츠는 모두 선수의 서명이 포함되어 있으며, 최저 20만 엔부터 낙찰 가능	사이타마 세이부 라이온즈(埼玉西部ライオンズ)
전자인감	전자 계약	JCBI의 컨소시엄형 블록체인을 활용	샤치하타, 켄타우로스 워크스(ケンタウロスワ__クス) 외
온센무스메	여행 / 관광	ERC20 선불식 지급 수단을 활용한 관광객 유치 및 지역 활성화	엔바운드, 에스비아이엔에프엘 엠피에스(SBINFL MPS), 일본 암호자산 시장
스카이 웨일(SKY WHALE)	여행 / 관광	아나(ANA)가 개발(버추얼 트래블 플랫폼)	아나 네오(ANA NEO), 소라미쓰(空密), 쇼피파이(Shopify), 제이피 게임즈(JP GAMES) 외
바이넷(Buynet)	회원권	첫 번째 판매로 페라리를 반영구적으로 이용할 수 있는 NFT 회원권 판매	산쉐어

039 확대되는 NFT 비즈니스 ① [아트 × 메타버스]

THE GUIDE TO NFT

▶ 메타버스상의 뮤지엄이나 화랑에서 크립토 아트(Crypto Art)를 전시한다

페이스북이 사명을 메타(Meta)로 변경하면서 유명해진 컴퓨터 네트워크 내 3차원 가상공간인 메타버스는 NFT와 친화성이 높은 것으로 알려져 있다.

메타버스와 아트를 연계한 활동을 소개한다.

• NFT 아트 프로젝트 <제너레이티브마스크(Generativemasks)>

아소비 시스템(アソビシステム), 퍼레이드올(ParadeAll), 프랙통 벤처(Fracton Ventures) 3사는 NFT를 활용한 오픈 메타버스상의 문화 도시 메타도쿄에서 일본발 제너레이티브 아트(Generative Art: 컴퓨터로 자동 생성되는 아트) 뮤지엄 '스페이스 바이 메타도쿄(SPACE by Meta Tokyo)'를 건설하는 프로젝트를 시작했다. 그와 동시에 메타 도쿄의 디지털 패스포트로 기능하는 NFT '메타도쿄 패스(MetaTokyoPass)'를 판매한다. 소유자에게는 여러 가지 혜택이 주어진다.

• 메타버스상의 '오타쿠 코인 화랑'

애니메이션, 만화, 게임 팬을 위한 커뮤니티 통화 '오타쿠 코인(オタクコイン)'을 발행하는 오타쿠 코인 협회와 크립토스펠스(CryptoSpells)를 제공하는 크립토게임(CryptoGames)은 디센트럴랜드상에 '오타쿠 코인 화랑'을 공개하고, 클립트 아트 작품을 전시했다. 이 화랑을 디자인한 것은 메타버스 건축가로 유명한 미소시타(MISOSHITA) 씨이다. 클립트 아트란, NFT와 연계된 희소성이 있는 디지털 아트를 말한다. '오타쿠 코인 화랑'은 고객에게 다양한 체험을 제공함으로써, 클립트 아트의 브랜딩 및 판매 촉진을 노리고 있다.

메타버스 안의 도시에서 자산이나 거래를 '이더리움'으로 관리

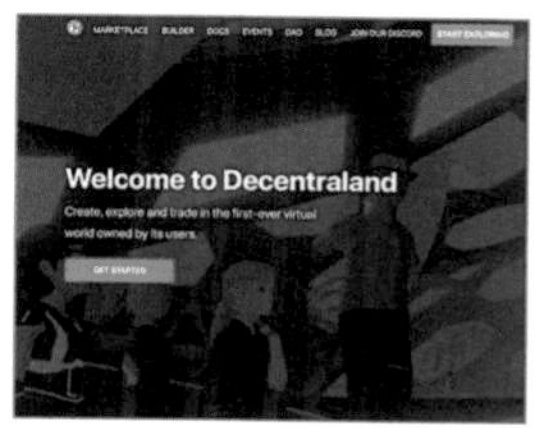

https://decentraland.org

'스페이스 바이 메타도쿄'가 개설한 오픈 메타버스 '디센트럴랜드'는 '이더리움'을 기반으로 한 가상현실 플랫폼이다. 가상공간 안에서 게임을 하거나 아이템 또는 콘텐츠를 제작, 사고팔 수 있다. 토지 구역인 '랜드(LAND)'를 구입해 직접 시장이나 어플리케이션을 구축하여 수익을 낼 수도 있다. 그러한 디지털 자산은 '이더리움'으로 관리되며, '랜드'의 토지 소유권도 있다.

메타버스 안의 도시에서 사업을 하는 '메타도쿄'

https://prtimes.jD/main/html/rd/p/000000109.000017258.html

'디센트럴랜드'에 구입한 '메타도쿄'용 토지의 일부에 오픈한 팝업 뮤지엄 '스페이스 바이 메타도쿄'이다. NFT 아트 콜렉션은 '제너레이티브 아트'를 일본에서 시작된 새로운 형태의 예술 작품으로 보고 전시한다.

메타도쿄의 패스포트로 기능하는 NFT

'메타도쿄 패스'는 메타도쿄 내에서 이루어지는 다양한 활동, 혜택을 부여하는 NFT이다. '오픈씨'에서 판매되고 있다. 한정 이벤트나 제한 구역에 대한 입장, 작품을 소유 중인 작가에 관한 워크숍 등의 혜택이 예정되어 있다.

040 확대되는 NFT 비즈니스 ② [스포츠 x 메타버스]

THE GUIDE TO NFT

▶ 나이키 못지않게 아디다스도 메타버스 비즈니스에 적극적으로 참여하다

스포츠는 경기할 장소가 필요하다는 점에서 **3D 가상공간인 메타버스와 잘 어울리는 분야**이다. 팬이 입장할 수 있는 가상 스타디움, 경기장 및 그 밖에 설치된 패션 매장, 팀이나 리그의 디지털 오피스의 설치 등 다양한 아이디어가 고안되고 있다. **팬 특전이나 티켓 판매, 굿즈 판매를 메타버스 안에서 유통되는 암호 통화로 실현**할 수도 있다.

이러한 배경에서 스포츠 패션 브랜드가 다양한 활동을 전개하고 있다. 앞서 나이키가 NFT 스튜디오인 아티팩트를 인수한 사실을 소개했는데, 나이키는 테크놀로지 부문에 전임 메타버스 담당을 두고, 그 밖에도 여러 가지 활동을 하고 있다. 예를 들어 온라인 게임 플랫폼인 로블록스상에 나이키 랜드 등의 브랜드 공간을 마련하고 있다. 또한, 나이키는 한 발 앞서 디지털 자산에 대한 상표 등록을 신청한 기업으로도 알려져 있다.

경쟁 기업인 아디다스도 나이키 못지않다. 2020년에 메타버스인 샌드박스의 토지를 구입해 NFT 브랜드인 보드 아페 요트 클럽(Bored Ape Yacht Club), 디지털 코믹 시리즈인 펑크 코믹(Punks Comic), 암호자산 기업인 지머니(Gmoney)와 프로젝트를 시작했다.

또한, 2022년 1월에는 프라다와 공동으로, 사용자가 제작한 아트를 주제로 한 협업 컬렉션 '아디다스 포 프라다 리라일론(adidas for Prada Re-Nylon)'에서 착상한 디지털 아트 워크를 수퍼레어에 출품했다.

메타버스와 스포츠의 친화성

미국의 국민 스포츠 중 하나인 미식축구연맹(NFL)은 게이밍 플랫폼 '로블록스' 안에 가상 스토어인 엔에프엘(NFL) 매장을 개설했다. '로블록스' 사용자의 아바타에 씌울 수 있는 헬멧과 유니폼을 판매한다. 현실 세계 스포츠팬의 일상을 메타버스 안에서도 아바타의 개성으로 표현할 수 있다. 이 가상 스토어는 플랫폼 내에서 디지털 체험 제작을 전문으로 하는 미국의 개발 스튜디오 '멜론(Melon)'이 담당하고 있다.

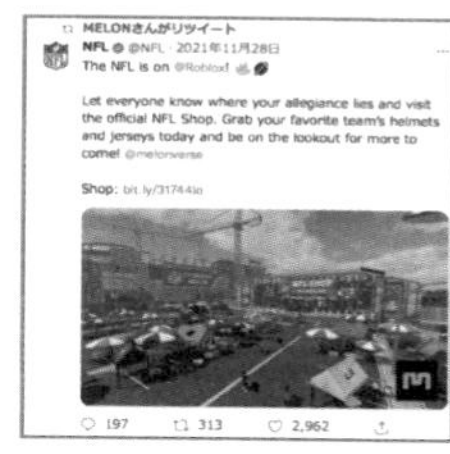

NFL의 트위터 계정은 '응원팀의 헬멧과 운동복을 손에 넣자'며 팬에게 어필했다.

가상 매장 'NFL숍(NFLShop)'
https://www.roblox.com/games/7837709870/NFL-Shop

소니(SONY)의 기술이 축구를 즐기는 방식을 바꾸다

2021년 11월 30일 소니 그룹은 '맨체스터 시티(Manchester City)'와 '공식 가상 팬 엔터테인먼트 파트너십 계약'을 체결했다. 그리고 실제 세계와 메타버스를 융합해 전 세계 팬이 팀을 친숙하게 느낄 수 있는 콘텐츠를 개발, 새로운 팬 커뮤니티를 실현하기 위한 실증 실험을 실시한다고 발표했다. 맨체스터 시티의 홈 스타디움 '에티하드 스타디움(Etihad Stadium)'을 재현하여, 지금껏 스포츠가 실현해 온 사람이 모이는 가치에 주목하고 메타버스 안에서 팬들 간 또는 선수들과의 교류를 가능하게 했다.

메타버스상에 사실적으로 재현되는 '에티하드 스타디움'(이미지)

041 THE GUIDE TO NFT 확대되는 NFT 비즈니스 ③ [아트 x 패션]

▶ NFT의 희소성이 디지털 패션을 아트로 바꾼다

앞서 원색이나 나이키의 가상 스니커즈와 같은 아트와 패션의 복합 사례를 살펴보았는데, 여기에서는 '아트×패션'에 특화한 사례를 몇 가지 소개하고자 한다.

• 테라포드 어패럴(TETRAPOD APPAREL)

2021년 7월 널(NULL)이 시작한 NFT, 아트, 어패럴, 스페이스(전시 공간)의 네 가지를 통합해 아트 작품에 새로운 가치를 부여하는 프로젝트이다. NFT와 링크한 QR 코드가 부착된 의류를 판매하며, 제작된 상품은 여러 가지 형태로 전시된다. 아티스트나 공간을 공모하기도 한다.

• 구찌 '프루프 어브 소버린티(PROOF OF SOVEREIGNTY)'에 출품

구찌는 브랜드 최초의 NFT 영상 작품을 크리스티의 온라인 판매 '프루프 어브 소버린티: 레이디 피닉스의 큐레이팅한 NFT 판매(A Curated NFT Sale by Lady PheOnix)'에 출품했다. 입찰 가격은 2만 달러로, 수익은 유니세프에 기부된다.

• 루이 더 게임(LOUIS THE GAME)

루이비통이 2021년 8월에 출시한 NFT 아트 작품을 취급하는 블록체인 게임이다. 전 스테이지를 마치면 게임에 등장하는 30 종류의 NFT 아트에 대한 추첨권을 획득할 수 있다. 그중에는 비플 씨의 작품도 포함되어 있다. 세계적인 패션 브랜드가 게임과 아트를 융합시킨 사례이다. 구찌나 루이비통 모두 NFT를 활용해 이미 존재하는 브랜드에 새로운 가치를 부여하고 있다.

▶ 테라포드 어패럴의 특징

아티스트의 활동 지원

아티스트가 제공한 아트 워크를 의류 상품으로 만들어 EC에서 판매하는 동시에 SNS로 아티스트를 홍보한다. 나아가 다양한 전시장에서 작품을 전시 및 판매한다. 수익의 50%는 아티스트에게, 10%는 전시 공간으로 돌아간다.

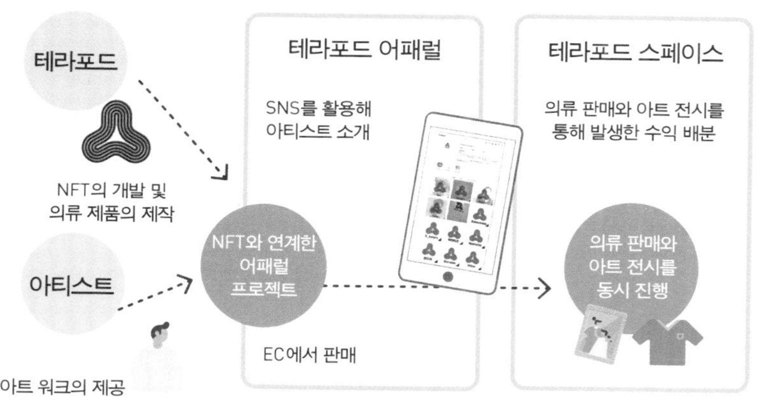

'업데이트하는 옷' 실현

NFT와 링크한 QR 코드가 부착된 의복을 판매한다. NFT로 '소유자'라는 점을 증명하고, 품질이나 모양이 업데이트되면 차액을 내고 신제품을 구입할 수 있다. 테라포드가 고안한 이 모델을 AaaS(Apparel as a Service) 모델이라 부르고 있다.

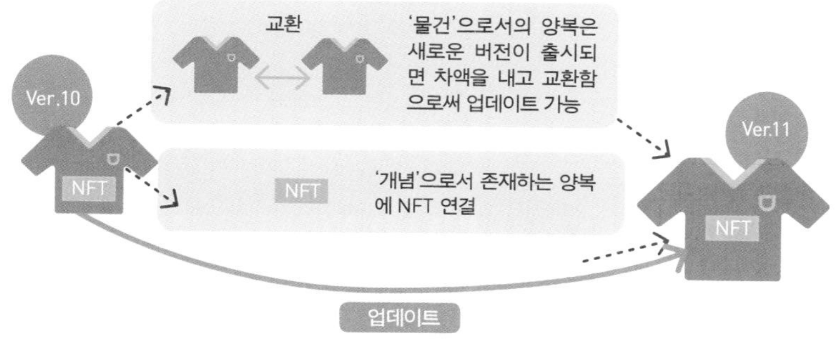

Column

NFT가 지닌 '재미'가 NFT에 가치 부여

인터넷에 흘러넘치는 NFT 관련 기사를 보면 대부분 NFT를 투자(투기) 대상으로 보고 있는 듯하다. 물론 NFT 중에는 가격 상승이 기대되는 자산이 포함되어 있으므로, 그런 의미에서는 투자 대상이 될 수 있다. 다만, 문제는 NFT를 유가 증권 혹은 그와 동등한 것으로 볼 수 있느냐이다.
왜냐하면 ICO(신규 코인 공개) 붐이 일었을 때에 신규 코인을 미등록 주식처럼 거래하는 행위에 대해 이후 미국증권거래위원회(SEC)가 일제히 단속한 사실이 있기 때문이다. 그중에는 수백만 달러의 합의금을 지급해야 했던 경우도 있었다고 한다.

그렇다면 NFT는 일종의 증권일까? 금융 규제에 관해 잘 알고 있는 저널리스트인 데이빗 모리스(DAVID MORRIS) 씨에 따르면 "증권은 일반적으로 타인의 업무로 기대되는 장래의 수익에 대한 권리"이며, "NFT는 보통 이미 진행되고 있는 일의 성과"이므로, NFT의 대부분은 증권은 아니라고 말한다. "가치가 높아질 것이라는 이유로 샀다고 해도 (중략) 2차적인 권리를 손에 넣은 것은 아니다"라는 뜻이다. 그렇다는 것은 NFT의 소유에 관해 별도의 디지털 토큰을 부여하는 등의 경우는 개별적으로 검토할 필요가 있다는 뜻이기도 하다.

"NFT 시장은 놀이터 같은 분위기가 있고, 그것이 NFT에 재미를 더하고 있다. 그리고 이 점이 중요한데, 그러한 재미가 NFT에 가치를 부여하고 있다"는 모리스 씨의 지적에 우리는 귀 기울일 필요가 있다.

PART 4

법적 정의와 권리의 명확화를 위한

NFT에 관한 실제 법률 및 회계

042 NFT의 발행과 판매가 갖는 법적 의미

THE GUIDE TO NFT

▶ 시장의 이용 규약과 당사자 간의 판매 계약에 의거한다

NFT의 발행과 판매가 갖는 법적 의미를 정리해 보자. 우선 관계자에 관한 정리이다. 원리적으로는 작가와 NFT 구입자 간의 직접적인 매매도 가능하지만, 실제로는 대개의 경우, **NFT 시장의 플랫폼 사업자(오픈씨, 나나쿠사 등)가 중개**한다.

아트 분야에서는 크리스티나 소더비즈(Sotheby's)와 같은 전통적인 경매 회사가 NFT 경매 사업에 참가하고 있지만, 그들도 오픈씨나 니프티 게이트웨이 등 NFT 시장에서 경매를 개최하고 있다.

그러므로 기본적으로 NFT 시장을 거쳐 NFT를 발행 및 판매할 경우, **① NFT의 발행, ② 구입 희망자의 모집과 결정, ③ 판매 계약의 성립, ④ 판매 계약의 이행, ⑤ 창작가와 NFT 구입자 간 법적 관계의 성립**이라는 크게 다섯 가지의 프로세스가 존재한다고 생각할 수 있다.

상기 모든 프로세스에 걸쳐 작가와 구입 희망자 및 구입자, NFT 시장과의 소통은 NFT 시장의 이용 규약에 따라 이루어진다. 발행된 NFT가 어디에 어떤 형태로 생성되는지도 이용 규약에 따른다. 또한, 작가와 구입자의 거래는 **판매 계약**에 의거한다. 나아가 저작권 등의 권리 관계는 **이용 규약과 판매 계약**의 양쪽 모두를 바탕으로 설정된다.

NFT의 발행과 거래의 당사자는 누구인가

NFT 플랫폼 사업자는 블록체인에 관한 기술을 제공함으로써, NFT 시장에 참가하는 작가나 사용자를 널리 모집하고 있다. NFT의 발행과 판매 과정에는 다음과 같은 관계성이 형성된다.

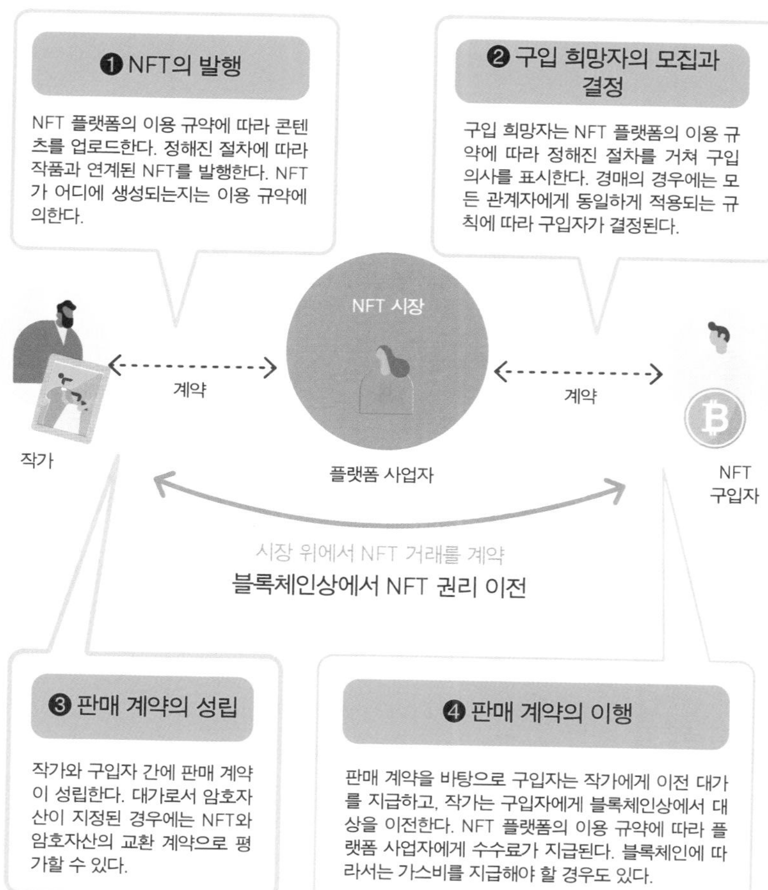

❶ NFT의 발행
NFT 플랫폼의 이용 규약에 따라 콘텐츠를 업로드한다. 정해진 절차에 따라 작품과 연계된 NFT를 발행한다. NFT가 어디에 생성되는지는 이용 규약에 의한다.
❷ 구입 희망자의 모집과 결정
구입 희망자는 NFT 플랫폼의 이용 규약에 따라 정해진 절차를 거쳐 구입 의사를 표시한다. 경매의 경우에는 모든 관계자에게 동일하게 적용되는 규칙에 따라 구입자가 결정된다.
NFT 시장
계약
계약
작가
플랫폼 사업자
NFT
구입자
시장 위에서 NFT 거래를 계약
블록체인상에서 NFT 권리 이전
❸ 판매 계약의 성립
작가와 구입자 간에 판매 계약이 성립한다. 대가로서 암호자산이 지정된 경우에는 NFT와 암호자산의 교환 계약으로 평가할 수 있다.
❹ 판매 계약의 이행
판매 계약을 바탕으로 구입자는 작가에게 이전 대가를 지급하고, 작가는 구입자에게 블록체인상에서 대상을 이전한다. NFT 플랫폼의 이용 규약에 따라 플랫폼 사업자에게 수수료가 지급된다. 블록체인에 따라서는 가스비를 지급해야 할 경우도 있다.

❺ 창작가와 NFT 구입자 간의 법적 관계 성립

콘텐츠에 대한 이용권이 포함된 판매인 경우에는 이용 규약이나 판매 계약을 토대로 저작권 등에 의거하는 라이선스권이 설정된다.

043 NFT 거래 계약에서 발생 및 이전되는 법적 권리

THE GUIDE TO NFT

대부분의 경우 콘텐츠의 이용권만 양도된다

NFT 거래에서는 어떤 법적 권리를 고려해야 할까? **① 콘텐츠의 저작권 등 지적재산권 및 퍼블리시티권 등(IP 등), ② 콘텐츠의 이용권**, 크게 이 두 가지를 생각할 수 있다.

NFT 시장을 이용하는 NFT 거래에서 IP가 설정 및 양도되는 경우는 일단 없다. 대부분 콘텐츠의 이용권만 양도된다.

그렇다면 콘텐츠의 이용권에는 어떤 것들이 있을까? 다음 다섯 가지를 생각할 수 있다.

① NFT 콘텐츠를 판매(되팔기)할 권리(판매권)

② NFT 콘텐츠를 판매하기 위해 NFT 시장에 내놓고, 그곳에 전시할 권리

③ NFT 콘텐츠를 메타버스 내의 갤러리에 전시할 권리

④ NFT 콘텐츠를 상품으로 만들어 판매할 권리

⑤ NFT 콘텐츠를 복제해 되팔 권리

이상 다섯 가지의 권리 전부가 자동으로 부여되지는 않고, NFT 시장의 이용 규약이나 판매 계약의 내용에 따라 이용할 수 있는 권리가 정해진다.

여기서 중요한 점은 **콘텐츠의 이용권이건, IP건 NFT 데이터 자체에는 존재하지 않는다**는 사실이다. NFT의 메타 데이터(Part1 006 참조)에 법적 권리가 기록되는 경우도 있지만, 그 내용이 옳다는 보증은 없다. 그러므로, NFT 데이터가 양도되는 것과 법적 권리가 양도되는 것은 다른 이야기라는 점을 인식할 필요가 있다.

NFT 콘텐츠의 이용권

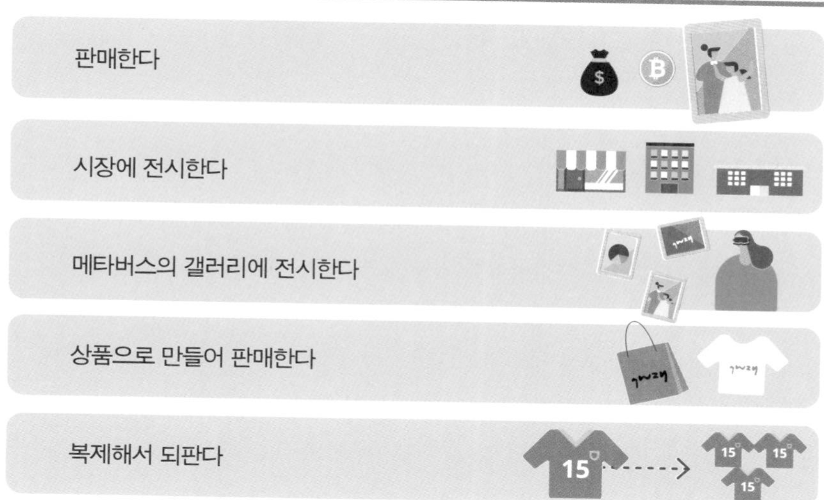

판매한다
시장에 전시한다
메타버스의 갤러리에 전시한다
상품으로 만들어 판매한다
복제해서 되판다
15
이용 규약 및 판매 규약에 따라 다르다

NFT 데이터와 법적 권리의 '이동'에 대한 과제

NFT의 데이터는 디지털 데이터로서 사이버 공간에 존재한다. 그러나 '법적 권리'는 현실 세계에 속하는 '개념'이다. '개념'은 블록체인이나 외부 서버에 기록되어 있지 않으므로, NFT 데이터와 법적 권리는 구별해 검증할 필요가 있다.

이전되어 있는가?
애당초 권리가
없는 상태에서
되팔린 것은 아닌가?

참고 : https://storialaw.jp/blog/8344

044 NFT를 보유 및 이전하는 행위의 법적 성질

THE GUIDE TO NFT

▶ 거래 패턴은 크게 세 가지가 있다

NFT의 거래 패턴에는 ① 당사자 간의 개별 교섭, ② 권리자가 일정한 이용 조건을 설정, ③ NFT 시장에서의 거래 등 크게 세 가지가 있다고 할 수 있다.

① 당사자 간의 개별 교섭

중간에 에이전트가 있는 경우도 있지만, 개별적으로 판매 교섭을 하기 때문에 법적 권리도 당사자 간에 어떻게 계약하는지에 따라 다르다. 기술적으로는 스마트 계약을 이용하는 경우가 많을 것이다.

② 권리자가 일정한 이용 조건 설정

권리자(작가)가 미리 이용권을 설정하고 NFT를 발행하며, 그 내용을 받아들인 사람이 구입하는 패턴이다. 법적 권리는 미리 정해진 이용권이 된다. NFT의 메타 데이터 내에 이용권을 기재하는 경우가 있다.

③ NFT 시장에서의 거래

NFT 시장에서 거래되는 경우에는 관계자 전원이 NFT 시장의 이용 규약에 따르게 된다. 따라서 법적 권리도 이용 규약에 의거한다. 여기에서 이용권의 권리 주체가 NFT 시장이 아닌 경우에는 이용권이 이전되는데, 되팔 때마다 구입자에게 이전될 것이다. 권리 주체가 NFT 시장인 경우에는 시장이 서브라이선스권을 설정하고, 되팔 때마다 서브라이선스권이 양도된다.

NFT 시장에서의 거래 패턴

❶ NFT 시장(PF)이 권리 주체가 아닌 경우

이용 규약에 '운영자가 NFT의 거래 당사자가 아니다'라는 사실이 명기되어 있다.
작가와 구입자 간의 매칭만 실행하고, 이용권이 되팔릴 때마다 다음 구입자에게 이전된다.

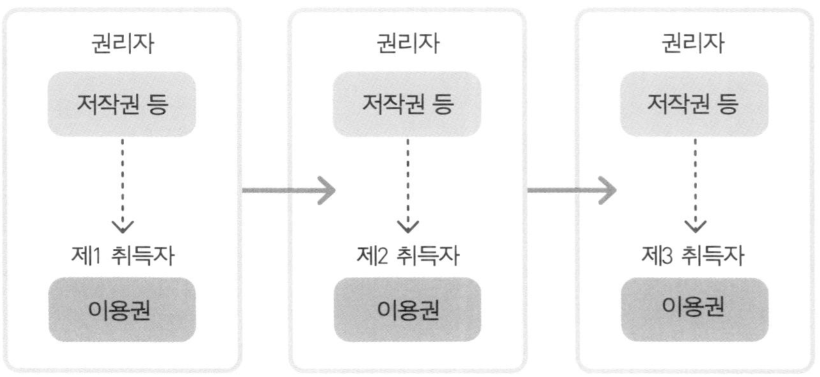

참고 : https://storialaw.jp/blog/8344

❷ NFT 시장(PF)이 권리 주체인 경우

이용 규약에 의거한 서브라이선스권이 이전된다.

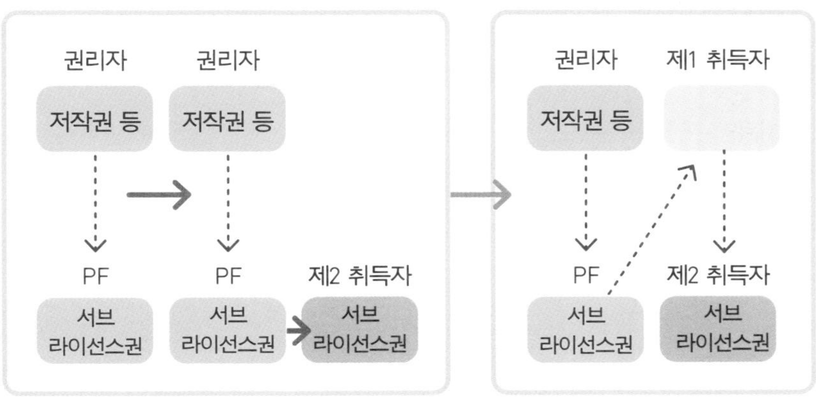

참고 : https://storialaw.jp/blog/8344

045 저작권과 NFT

THE GUIDE TO NFT

▶ NFT에도 저작권은 있지만 소유권이 없기 때문에 조정이 필요하다

NFT에서 저작권은 어떻게 생각해야 할까? 먼저 실제 콘텐츠에 관한 저작권에 대해 알아보자.

저작권법에서는 저작물을 '사상 또는 감정을 창작하여 표현한 것으로, 문예, 학술, 미술 또는 음악의 범위에 속하는 것'이라고 정의하고 있다.

저작자는 저작물을 창작한 사람으로, **저작물에 대해 저작권 및 저작자 인격권이라는 권리**를 저절로 갖게 된다(출원이나 등록할 필요가 없다). 이 중 **저작자 인격권은 저작자의 인격을 보호하는 권리이므로, 양도할 수 없지만, 저작권은 양도할 수 있다.**

소유권과의 관계를 설명하면 소유권은 민법에 '유체물(공간의 일부를 차지하고 형태가 있는 물건-옮긴이)을 직접 배타적으로 지배하는 권리'라고 되어 있다. 그러므로 소유권이 있더라도 개념 즉 무체물(형태는 없고 생각 속에 존재하는 물건-옮긴이)인 저작물에 발생하는 저작권을 당연히 소유하게 되지는 않는다는 뜻이다. 다만, 그 이전에 데이터도 무체물로 간주되므로, NFT는 소유권의 대상이 아닌 것으로 여겨지고 있다. 그러나 창작자의 저작권과 저작자 인격권은 실제 콘텐츠와 마찬가지로 발생한다.

NFT 콘텐츠를 양도하는 경우, **소유권은 애당초 존재하지 않으므로, 이전할 수 없지만, 저작권은 합의에 따라 양도된다. 정해진 규칙이 없다면 저작권은 저작권자에게 있다.**

실제 콘텐츠의 경우에는 저작권과 소유권을 조정하는 규정이 존재하지만, NFT 콘텐츠에는 소유권이 존재하지 않으므로, 보유자와 저작권자의 이해 조정을 거쳐 매매 계약 등에 포함시킬 필요가 있다고 생각한다.

저작자란

저작자	저작물을 창작한 사람을 말한다. 공동 저작물의 경우에는 공동으로 창작에 기여한 사람 전체가 한 저작물의 저작자가 된다.
법인 저작 (직무 저작)	다음 다섯 가지 요건을 모두(프로그램 저작물의 경우에는 ④는 충족하지 않아도 된다) 충족하는 경우에는 법인 등이 저작자가 된다. ① 법인 등의 발의에 따라 작성된 것 ② 법인 등의 업무에 종사하는 자가 작성한 것 ③ 법인 등의 종업원의 직무상 작성된 것 ④ 법인 등의 저작 명의 하에 공표된 것 ⑤ 법인 내부의 계약, 근무 규칙 등에 특별한 규정이 없을 것

저작자의 권리

저작자 인격권	
공표권	자신의 저작물로, 아직 공표되지 않은 것을 공표할지, 안 할지, 공표한다면 언제, 어떤 방법으로 공표할지를 결정할 수 있는 권리
성명 표시권	자신의 저작물을 공표하는 경우에 저작자명을 표시할지, 안 할지, 표시한다면 실명 또는 가명을 사용할지를 결정할 수 있는 권리
동일성 유지권	자기 저작물의 내용 또는 표제를 자기의 뜻에 반하여 멋대로 수정하지 못하도록 할 수 있는 권리
저작권(재산권)	
복제권	저작물을 인쇄, 사진, 복사, 녹음, 녹화 등의 방법에 따라 유형적으로 재생할 권리
상연권 / 연주권	저작물을 공연장에서 상연하거나 연주할(상연, 연주 녹음물의 재생을 포함) 권리
상영권	저작물을 공연장에서 상영할 권리
공중 송신권 공의 전달권	저작물을 자동 공중 송신하거나 방송하거나 유선 방송하거나 또는 그들 공중 송신된 저작물을 수신 장치를 사용해 널리 전달할 권리 ※자동 공중 송신이란, 서버 등에 축적된 정보를 공중으로부터의 액세스에 대응해 자동 송신하는 것을 말한다. 또한, 그 서버에 축적된 단계를 송신 가능화라고 한다.
구술권	언어의 저작물을 낭독 등의 방법으로 구두 공연할(구술 녹음물을 재생하는 경우를 포함) 권리
전시권	미술의 저작물과 미발행 사진 저작물의 원작품을 널리 전시할 권리
배포권	영화 저작물의 복제물을 배포(판매 / 대여 등)할 권리
양도권	영화 외 저작물의 원작품 또는 복제물을 공중에 양도할 권리
대여권	영화 외 저작물의 복제물을 공중에 대여할 권리
번역권 / 번안권 등	저작물을 번역, 편곡, 변형, 번안 등 할 권리(2차적 저작물을 창작할 권리)
2차적 저작물의 이용권	자기 저작물을 원작품으로 하는 2차적 저작물의 이용(상기의 각 권리와 관련된 행위)에 대해 2차적 저작물의 저작권자가 갖는 것과 동일한 권리

출처: 공익사단법인 영상 문화 제작자 연맹(https : //www.eibunren.or.jp/?page_id=803)

046

THE GUIDE TO NFT

NFT와 도박죄, 경품표시법 관련 법률과의 관계

▶ 도박이나 부당 경품 / 부당 표시에 저촉되지 않는지 충분한 주의가 필요하다

과거 온라인 게임에서는 '컴플리트 뽑기(도감 완성형 뽑기 게임: 카드를 모아 특정 도안을 완성한 사람에게 특별한 아이템을 제공하는 이벤트)'가 유행했었는데, 이는 부당 경품에 해당한다고 하여 전면적으로 금지되었다.

이처럼 온라인 사업에서는 시작할 때는 적법한 것으로 여겨졌다가 **사행성이 강하거나 사용자의 피해 보고가 많다는 등의 이유로 금지되는 경우**가 있다. 따라서 NFT 관련 비즈니스에 관련된 사업자, 특히 블록체인 게임을 제공하는 사업자는 자사의 사업이 **도박죄나 관련 법률에 저촉되지 않는지** 먼저 정확히 확인할 필요가 있다.

예를 들어 NFT를 구입할 때에 프로그램에 의해 무작위로 구입 대상이 결정되는 서비스는 도박죄가 성립될 가능성이 있다. 참가비를 받는 게임 대회에서 우승자에게 NFT를 제공하는 경우도 도박장의 개장에 해당될지 모른다(NFT뿐 아니라 상금도 동일하다).

NFT의 경우, 부당 표시에 대해서는 NFT가 되팔린 경우에 작가에게 일정한 요금이 지급되고 현물 아트의 소유권이 이전되는 것처럼 '오해'하도록 사실과 다르게 표시하면 처벌을 받을 수 있다.

부당 경품에 해당하는지, 아닌지에 대한 판단은 꽤 곤란한 면이 있다. 우선 경품에 해당하는지 판단하기가 어렵다. '자기가 공급하는 상품 또는 서비스의 거래' 범위는 의외로 넓으며, '거래에 부수하는 것'이 무엇인지에 관한 판단도 어렵다고 할 수 있다.

일본의 도박에 관한 형법

제185조

도박을 행한 자는 50만 엔 이하의 벌금 또는 과태료에 처한다. 단, 일시적인 오락으로 제공하는 물건을 거는 것에 그친 경우에는 그러하지 아니하다.

제186조

상습적으로 도박을 행한 자는 3년 이하의 징역에 처한다. 도박장을 개장하거나 또는 도박꾼들을 모아 이익을 도모한 자는 3개월 이상 5년 이하의 징역에 처한다.

도박죄의 성립 요건

① 2명 이상이 참가한다
② 승패가 우연으로 가려진다
③ 재물이나 재산상의 이익이 대상이 된다
④ ③의 득실(승자는 얻고, 패자는 잃는다)을 겨룬다
⑤ 일시적인 오락으로 제공하는 물건(음식물 등)에 그치지 않는다

경품표시법(부당 경품류 및 부당 표시 방지법)이란?

목적: 제1조

이 법률은 상품 및 서비스의 거래에 관한 부당한 경품류 및 표시로 고객을 유인하는 행위를 방지하기 위하여 일반 소비자의 자주적이고 합리적인 선택을 저해할 우려가 있는 행위의 제한 및 금지에 대해 정하는 것으로, 일반 소비자의 이익을 보호할 목적으로서, 이를테면 '부당한 경품이나 광고로 유인하여 상품을 판매'하는 행위를 금지하는 법률이다.

경품이라는 사실을 충족하는 조건

경품이라는 사실을 충족하는 조건

① 고객을 유인하는 수단이다
② 사업자(영리 / 비영리를 불문)가 제공한다
③ 자기가 공급하는 상품 또는 서비스의 거래에 따라오는 것이다
④ 물품 / 금전 및 기타 경제상의 이익을 포함하는 것을 제공한다
(상장이나 트로피 등은 포함되지 않는다)

	제공 방법	경품류 한도액		
		최고 금액		총액
일반 현상	상품 서비스의 이용자에게 복권 등의 우연성, 특정 행위의 우열 등에 따라 경품류를 제공하는 행위(현상) 예: 매장에서의 추첨	거래 가액이 5,000엔 미만	거래 가액의 20배	매출 예정 총액의 2%
		거래 가액이 5,000엔 이상	10만 엔	
부가 경품	현상 모집에 의하지 않고, 상품 서비스를 이용하거나 내점한 사람 전체에게 경품류를 제공하는 행위 예: 구입자 전원에게 선물	거래 가액이 1,000엔 미만	200엔	–
		거래 가액이 1,000엔 이상	거래 가액의 10분의 2	

047 NFT 거래에서의 회계 처리

THE GUIDE TO NFT

▶ NFT 고유의 회계 기준은 현재 존재하지 않는다는 점에 유의하라

암호자산을 매매해서 얻은 이익은 FX(Foreign Exchange: 외환 차익-옮긴이) 등처럼 잡이익에 해당한다고 법률에 명기되어 있다. NFT는 암호자산과 동일한 플랫폼에서 거래되므로, NFT 거래로 얻은 이익을 잡이익으로 생각하는 사람도 있을지 모른다. 그러나 토큰에 보유자명이 기록되는 NFT는 암호자산과는 명백히 다르다. 그래서 구체적인 소득 상황에 따라 '사업소득', '양도소득', '잡수익' 중 어느 하나로 분류되는 듯하다.

다만, 집필 시점에서는 NFT 고유의 회계 기준이 존재하지 않았기 때문에 회계사에 따라 의견이 나뉠 가능성이 있다. 여기에서는 우선 회계 처리상 주목해야 할 포인트를 살펴본다.

- **NFT 발행 사업자의 판매 시 수익**
- **NFT 토큰 취득자의 수익**
- **NFT 토큰 취득자의 재고 자산 및 원가 처리**

세무에 관해서도 마찬가지로, NFT에 관한 세법상의 정의나 NFT에 특화한 과세 관련 규정은 없다. 다만, 앞서 말한 것처럼 암호자산과는 다르게 취급해야 한다는 것이 일반적인 생각이다.

세무에서 주목해야 할 포인트는 아래와 같다.

- **일반 소득세 / 법인세**

  NFT 취득 시의 취급/NFT 매각 시의 취급

- **소비세의 취급**

회계와 세무 모두 온라인 비즈니스가 전문인 회계사와 상담하는 것이 중요하다. 가능하다면 여러 회계사의 이야기를 들어봐야 할 것이다.

NFT의 회계에서 참조해야 할 법령 및 가이드라인

대전제로서

회사법 제431조

'주식회사의 회계는 일반적으로 공정 타당하다고 인정되는 기업 회계의 관행에 따라 하여야 한다'

※ 단, NFT에 관한 공정 타당한 실무 관행이 아직 존재하지 않으므로, 중요한 회계 방침에 대해서는 주석을 다는 것이 필요하다('관련 회계 기준 등의 규정이 분명하지 않은 경우'에 해당).

NFT가 자금결제법의 암호자산에 해당하는 경우

실무 대응 보고 제38호

'자금결제법 내 가상화폐의 회계 처리 등에 관한 당분간의 취급'

※ 자금결제법에서 선급 지급 수단에 해당하는 경우, 명확한 회계 기준은 없지만, 일반적인 실무 관행의 사례가 많이 존재하므로, 그들을 감안한다.

NFT가 금융상품거래법의 전자 기록 이전 권리(보안 토큰)에 해당하는 경우

기업 회계 기준 제10호

'금융 상품에 관한 회계 기준'

회계 제도 위원회 보고 제14호

'금융 상품 회계에 관한 실무 지침'

업계 자주 규제 단체의 지침

'암호자산 거래업의 주된 경리 처리 예시'
(일반사단법인 암호자산 거래 협회)

※ 회계 기준은 아니므로, 이에 따르는 경우에도 중요한 회계 방침에는 주석을 다는 것이 필요하다.

048 NFT의 법적 과제와 논점

THE GUIDE TO NFT

▶ NFT의 급속한 확대에 법 정비가 미처 따라잡지 못해 논점이 많다

NFT 시장은 2020년경부터 전 세계적으로 폭발적으로 확대되었고, 일본에서도 2021년부터 수많은 사업자가 참가하고 있다. 그런데 그 급속한 확대를 법 정비가 따라가지 못하고 있는 형편이다.

예를 들어 **'본래 NFT는 무엇을 사고파는 것인가'**라는 기본적인 개념도 아직 충분히 정리되어 있지 않다. 법적 정비와 관련해서도 NFT의 기능이나 용도에 따라 기존 법률에 의한 규제(암호자산, 금융상품 등)에 해당할 수 있지만, NFT 고유의 규정은 없다. 암호자산처럼 규제할 수는 없다는 의견과 투기성이 있으므로 금융상품으로 취급해야 한다는 의견이 있지만, 향후 어떻게 될지는 알 수 없다.

금융상품에 해당하는지는 개별 NFT 서비스를 바탕으로 생각하는 것이 타당할 듯하다. 또한, NFT라도 많이 발행하면 암호자산적인 기능(지급 수단 등)을 갖게 될 수도 있을 것이다.

NFT는 유가증권인가 하는 논의가 있지만, 이에 대해서는 일본과 미국의 견해가 상당히 다른데, **미국에서는 NFT를 분할할 수 있다면 유가증권으로 간주할 가능성이 있다**고 보지만, 일본에서는 법률에 의한 세세한 요건을 충족할 필요가 있다고 보고 있다. 한편 일본의 경우에는 암호자산에 관한 정의의 폭이 매우 넓어 향후 NFT도 암호자산으로 간주될 가능성은 충분하다.

법적 정비가 늦으면 여러 가지 문제가 발생하고, NFT 자체에 대한 신뢰의 실추 및 자금 세탁 등 위법 거래에 악용될 요인이 될 수 있다. 그래서 NFT에 관한 법 정비는 매우 중요한 과제라고 생각한다.

NFT를 둘러싼 법적 논점(일본)

본래 NFT란?

법적 정의가 없다. 자금결제법이나 금융상품거래법에 정의되어 있지 않다.

암호자산인가?

NFT를 어떻게 설계하는가에 달려 있다. 일반적으로는 대가 변제 기능이 없기 때문에 암호자산에는 해당하지 않는다. 발행 수가 많고, 개성을 잃는 경우에 대가 변제 기능이 발생하면 해당할 가능성도 있다.

유가증권인가?

NFT를 어떻게 설계하는가에 따라 해당할 수 있다. 현재 많이 유통하는 관상(감상) 용도에 한정한 아트 NFT라면 일반적으로는 해당하지 않는다.

선불식 지급 수단인가?

상품권이나 선불카드와 같은 것인지에 관한 논의. NFT의 설계에 따라 대상이 될 수 있다.

외환 거래에 해당하는가?

법정 통화를 매개로 하지 않는다면 크게 문제가 되지 않겠지만, 금전으로의 환불이 가능하다면 해당할 가능성이 있다.

도박에 해당하지 않는가?

우연성이나 재물 / 재산의 득실이 있으면 해당할 가능성이 있다(뽑기나 참가비가 필요한 상금 대회는 도박에 해당할 위험성이 높다). 또한, 해외에서는 적법한 서비스가 일본에서는 불법이 될 수도 있다.

법률상 문제가 되지 않는가?

NFT에 관해서는 물품 / 금전 및 기타 경제상의 이익을 건네기 쉽기 때문에 그 점이 문제가 된다.

현행법상 유체물이 아닌 NFT는 소유할 수 없지만, 정말 그것으로 충분한가?

소유권이 없기 때문에 저작권의 취급이 실제 콘텐츠와 달리 복잡하다(암호자산도 마찬가지). 소유권이 없기 때문에 오히려 저작권의 취급이 중요하다.

소득세법상의 취급

사업 소득인가, 양도 소득인가, 잡수익인가? 양도소득이라는 의견이 일반적이지만, 통일적인 견해는 없다.

해외 거래에서의 소비세법상의 취급

자산의 양도에 해당하는가, 전기통신 이용 서비스의 제공에 해당하는가?

049 THE GUIDE TO NFT 법 제도 및 금융 제도의 정비에 달려 있는 NFT 비즈니스의 미래

▶ 법 제도의 정비는 NFT의 건전한 발전을 위해 반드시 필요하다

일본에는 현재 암호자산을 규제하는 법 제도가 정비되어 있다. 한편 NFT와 관련해서는 이 책을 집필하는 시점까지 그러한 규제가 없다. 그렇기 때문에 참가하는 사업자는 많지만, 이대로 방치한다면 법 규제가 없기 때문에 문제가 발생하여 NFT 자체에 대한 신뢰도가 떨어질 우려가 있다.

이전부터 '암호자산이 자금 세탁에 악용된다'는 국제적 우려가 있어 전 세계적으로 암호자산을 규제하기 위한 논의가 진행되어 왔다. 그런 가운데 일본은 한발 앞서 2016년에 **임금결제법**을 개정하여 등록하지 않고 암호자산 교환업을 운영하는 행위를 금지했다.

2017년에는 **ICO(Initial Coin Offering: 자금 조달을 목적으로 한 암호자산의 발행)** 붐이 일었다. 이는 암호자산의 가격이 심하게 변동하는 계기가 되었을 뿐만 아니라 예탁자산의 관리 미비나 사기적 행위가 발생해 2019년에 **금융상품거래법에 의한 규제가 강화**되었다.

NFT도 자금 세탁이나 사기적 행위에 악용될 우려가 있다. 현 상태에서는 기존 법률상에서 자금 세탁이나 사기적 행위에 해당하는지 여부에 관한 판단에 대해 일본 암호자산 비즈니스 협회가 세밀한 가이드라인을 작성 중에 있다.

금융제도 외의 큰 과제로는 도박 관련법에 관한 재검토일 것이다. 우연성을 이용하는 '뽑기'가 도박에 해당하지 않았던 이유는 환금성이 없었기 때문이지만, 암호자산과 교환할 수 있는 NFT는 도박으로 간주될 가능성이 있다. 또한, 해외에서는 적법한 NFT 게임도 일본에서는 불법이 될 우려가 있다. 이에 대해서는 일본 내 카지노의 형태 등을 포함한 종합적인 논의가 필요할지도 모른다.

NFT와 자금 세탁

NFT를 자금 세탁에 이용하는 방법

- (가치가 없는) 작품을 고액의 경매에 붙인다.
- 거래로 가장해 당사자 간에 고액으로 결제한다.

※ 참고: 중국인민은행은 NFT와 메타버스는 자금 세탁의 도구가 될 수 있다고 지적했다. 규제 정책을 채택하려는 방향으로 움직이고 있다.

방지책

- (예술 작품의 경우) 감정인에게 적정 가격을 제시받아 지나치게 높은 금액의 거래에 대해서는 판매 기록을 제시하도록 한다.
- NFT 거래소에서 고객의 신원을 철저히 확인하도록 한다.

※ 이와 관련해서 현시점에서는 NFT 시장의 ID가 해킹을 당하면 NFT 자산을 영구적으로 빼앗길 가능성이 있다는 점이 지적되고 있다.

사업자의 대책

- 대퍼랩스

블록체인 분석 대기업인 체이널리시스(Chainalysis)와 장기적 파트너십을 체결했다. 고객 확인 도구인 '체이널리시스 KYT(Chainalysis KYT)'와 컴플라이언스 도구인 '체이널리시스 리액터(Chainalysis Reactor)'를 사용해 범죄 혐의가 있는 거래를 탐지해 상세히 조사하겠다고 발표했다.

- 엘립틱 엔터프라이즈(Elliptic Enterprises)와 해시포트(HashPort, 해시팔레트의 모회사)

블록체인 분야의 컨설팅과 시스템을 개발하는 해시포트의 NFT 거래 시스템에 암호자산의 자금 세탁 대책 기업인 엘립틱의 솔루션을 연계해 건전한 NFT 비즈니스의 확대를 목표로 한다.

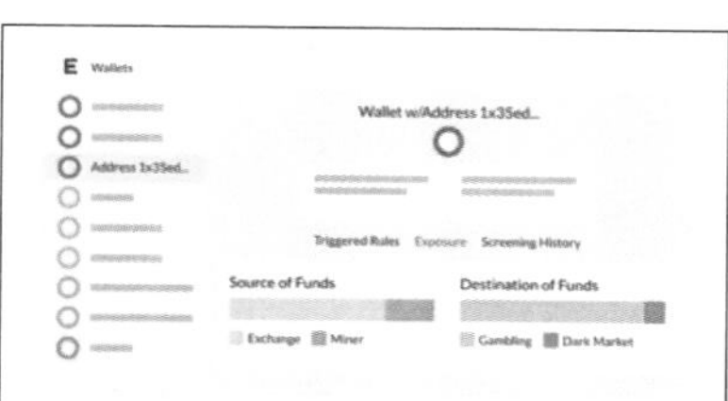

엘립틱 렌즈(Elliptic Lens) : 월렛의 부정 이용을 탐지할 수 있는 자금 세탁 대책 소프트웨어

Column

인터넷에서 IP홀더가 입어온 불이익 해소

IP란, Intellectual Property의 약어로, 우리말로는 지적재산권이라 번역한다. 기업의 IP로는 특허나 상표, 의장권, 영업 기밀 등이 대표적이며, 일반적으로는 저작물, 그림, 일러스트, 애니메이션, 게임 등 예술이나 엔터테인먼트의 영역에서 저작권법 등으로 지켜야 할 권리를 가리키는 경우가 많다.

지적재산권을 보유한 사람을 'IP홀더'라 한다. 인터넷은 세상을 크게 바꾸었고, 여러 가지 단점도 있지만, 편리함이라는 큰 이점을 가져왔다. 다만, IP홀더의 입장에서는 이미지, 동영상, 사진, 음악 등이 쉽게 복제되어 유통되는 등 특히 수익 면에서 불이익을 입는 사례가 적지 않았다고 할 수 있다. IP홀더가 안고 있던 오랜 문제를 해결하는 대책으로 기대되고 있는 것이 NFT이다. 복제나 위변조가 사실상 불가능하다는 점이 바로 그 이유이다. 그렇지 않았다면 비플 씨의 〈에브리데이－첫 번째 5000일〉이 6,930만 달러에 낙찰되는 일은 없었을 것이다.
나아가 IP를 판매한 후 여러 번 되팔려도 그때마다 IP홀더에게 저작권료가 들어가는 구조를 만들 수 있다는 점도 NFT가 IP홀더들의 기대를 받는 이유이다. 이는 스마트 계약이라는 기술 없이는 실현할 수 없었다. 게다가 거래소가 사라져도 블록체인이 존재하는 한 반영구적으로 계속된다.

또한, 가격 변동이 심해서 통화로 사용하기 어렵다던 암호자산도 가치 교환의 도구로 유통되고 있다. 이 또한 NFT가 가져온 혁명적인 변화라 할 수 있을 것이다.

PART

5

비즈니스 장면을 바꾸어 갈

NFT의 미래

050 NFT는 인터넷상에서 '신뢰'를 만들어내는 시스템

THE GUIDE TO NFT

▶ 현실과 디지털의 경계가 모호해지고 있는 세계에서 신뢰가 더욱 중요해진다

NFT가 IP홀더에 여러 가지 이익을 가져다준다고 말했는데, 그렇다면 각 업계는 어떻게 보고 있을까? 알렉산더 파이퍼(Alexander Pfeiffer) 박사가 MIT 시절 진행했던 실증 실험에 따르면 음악 업계에서는 '**신뢰의 연쇄**'의 구축 기반으로서, 미디어 업계에서는 '**신뢰의 증폭기**'로서의 기능이 NFT에 기대된다는 사실이 밝혀졌다. 키워드는 모두 '**신뢰**'이다.

현실 세계와 디지털 세계를 통합하는 '**메타버스**'가 주목과 기대를 모으고 있다. 메타버스 외에도 '**디지털 트윈**'이라는 개념이 있다. 이는 현시점에서는 주로 제조업 등에서 이용되고 있는데, 현실 공간을 클라우드상에서 시뮬레이션하는 기술이다. 이들에서 알 수 있듯 현실 세계와 디지털 세계의 경계는 계속해서 모호해지고 있으며, 앞으로도 이러한 경향은 계속될 것이다.

현실과 디지털의 경계가 모호해지고 있는 세계에서 앞으로 더욱 중시되는 것이 '신뢰'이다. 메타버스상의 토지나 건물, 예술품 등의 디지털 자산에 금전적 가치가 있다고 한다면 그것은 두말할 것도 없이 신용과 신뢰 위에 성립된다. 이 신뢰를 담보하는 것으로서 NFT에 기대가 모아지고 있다.

NFT가 더욱 신뢰를 받기 위해 해결해야 할 과제로는 **법 규제가 애매하고 정비되어 있지 않다, 일반인들은 아직 UI/UX를 사용하기 어렵다, 콘텐츠 부분의 복사가 가능하다, 보유가 증명된 상태에서 데이터의 가치까지 남는지 알 수 없다, NFT만으로는 현실 자산의 소유권이나 진정성과 연동되지 않는다** 등을 들 수 있다. 이러한 것들의 조속한 해결이 필요하다.

현실과 디지털의 경계가 사라지며 필요성이 높아지는 NFT

메타버스, VR, 디지털 트윈 등 디지털 기술이 발달하면서 다양한 가상공간이 탄생하고, 그곳에서 사람들은 다양한 '체험'을 하게 되었다. 놀고, 창조하고, 만들고, 배우고, 실험하는 비즈니스를 전개하는 데 필요한 '신뢰'를 NFT가 만들어 나간다.

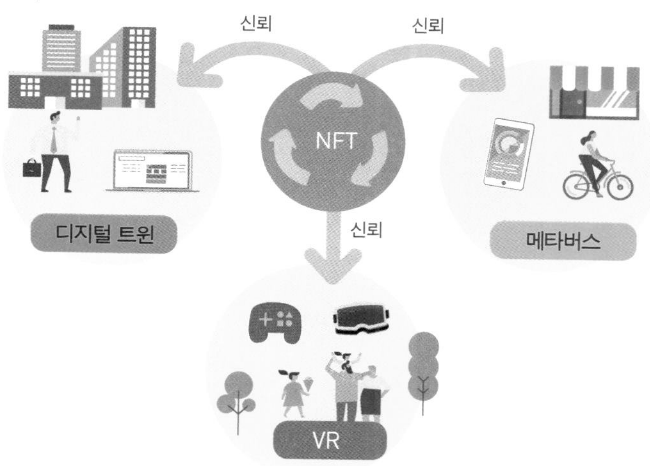

가상공간과 NFT의 관계

가상공간	NFT의 관계
VR	CG로 제작된 '가상현실(virtual reality)'의 세상을 고글을 이용해 체험한다. VR 전시회장에서 NFT 아트를 감상하거나 사고팔 수 있는 시장을 개척한다.
AR	'증강현실(Augmented Reality)'은 현실 풍경에 디바이스를 이용해 CG를 추가하는 기술이다. NFT 아트와 함께 실제 매장 없이 NFT를 전시한다.
MR	'혼합현실(Mixed Reality)'에서는 현실의 풍경과 데이터를 더한 가상현실을 중복해서 표시한다. 실제 배치를 이해한 NFT 콘텐츠를 체감할 수 있다.
XR	'확장현실(eXtended Reality)'은 상기 세 가지 기술의 총칭으로, 아바타를 이용해 더욱 현실적인 커뮤니케이션을 실현한다. NFT에 의한 본인 인증과 거래로 실제 비즈니스가 가능하다.
디지털 트윈	현실의 모든 물건, 시가지 데이터가 가상 세계에 도입되어 현실과 동일한 가상공간에서 시뮬레이션이나 체험이 가능하다. NFT가 현실과 가상을 연동시킨다.

051 NFT가 만들어내는 무형 자산의 신경제권

THE GUIDE TO NFT

▶ 무형 자산으로 향하는 흐름이 금융 포용의 실현으로 이어진다

세계적인 금융 완화는 '돈이 남아도는' 현상을 낳았고, 그렇게 갈 곳을 잃은 자금은 코로나 사태로 인한 디지털로의 강제적인 전환 속에서 맹렬한 기세로 무형 자산을 향하고 있다. 이러한 흐름 가운데 현재 NFT에 많은 자금이 모이면서 관련 사업이 연이어 호황을 맞고 있다. 이는 NFT의 구조가 무형 자산에 희소성과 신뢰성, 액세스 용이성 등을 부여한다는 점을 생각하면 쉽게 이해할 수 있는 현상이다.

그러한 가운데 **NFT가 금융 포용(Financial Inclusion)을 실현하는 수단으로 실제로 기능하기 시작했다.** 금융 포용이란, '모든 사람들이 경제 활동의 기회를 잡을 수 있도록 또한, 경제적으로 불안정한 상황을 경감하기 위해 필요한 금융 서비스에 접근할 수 있고, 그것을 이용할 수 있는 상황'(세계은행에 의한 정의)을 가리킨다.

이 금융 포용의 구체적인 사례가 파트 1에서 소개한 베트남의 엑시 인피니티(Axie Infinity)이다. 또 성인의 23%밖에 은행 계좌를 갖고 있지 않은 필리핀의 많은 젊은이가 엑시 인피니티로 생계를 도모하고 있다. 은행 중심의 기존 경제권과는 다른 새로운 경제권이 태어나고 있는 것이다.

파트1과 파트3에서 소개한 라인이 목표로 하는 신경제권도 금융 포용의 측면이 있다. 필리핀과 달리 일본에서는 은행 계좌가 없는 사람이 적기는 하지만, 신용카드가 없거나 암호자산 계좌를 개설할 때에 장벽을 느끼는 젊은이는 많을 것이다. 그러나 라인만 사용할 수 있으면 NFT를 중심으로 하는 신경제권에 누구나 쉽게 참여할 수 있다.

무형 자산과 유형 자산

'무형 자산'이란, '금전적으로 계산할 수 있는 재산(=자산)'의 조건은 충족하지만, '형태가 없는 자산'이고, 그에 반해 '유형 자산'은 물적인 형태를 갖춘 자산을 의미한다.

유형 자산

물적인 형태를 갖춘 자산

현금, 증권, 예금, 건물, 상품, 건조물, 사무용 상품, 재고품, 기계 설비, 원재료 등

무형 자산

물적인 형태가 없는 자산

- 인적 자산: 직공 기술, 개인만의 노하우 등
- 지적 자산(=IP) : 저작권, 상표권, 특허권, 실용신안권, 영업권, 데이터, 소프트웨어 등
- 기반적 자산: 생산 체제, 형식지(形式知), 매니지먼트법, 인재육성법 등

NFT 게임을 이용한 금융 포용의 실현 예 '엑시 인피니티'

몬스터인 '엑시(Axie)'를 모아 싸우게 하는 베트남에서 탄생한 대전 게임이다. 엑시를 싸우게 하거나 합체해 새로운 엑시를 만드는 등을 통해 즐기는 방식 외에 게임 안에서 '랜드(토지)'를 보유함으로써 더욱 여러 가지 방식으로 즐길 수 있다. 'SLP', 'AXS' 등과 같은 게임 내 통화 (암호자산)가 있으며, 그것들을 획득해 환금할 수 있다. 또한, 엑시나 게임 아이템을 NFT 시장에서 판매할 수도 있다. '엑시 인피니티'로 생계를 해결하는 젊은이가 동남 아시아에서 증가하고 있다.

https://axieinfinity.com

052 해외 NFT 관련 사업자와의 협력과 경쟁

THE GUIDE TO NFT

▶ 해외 파트너의 참여를 지원하면서 UI / UX로 승부한다

2021년에 들어서면서 일본의 사업자가 잇달아 NFT 사업에 뛰어들고 있다. 대퍼랩스가 2017년에 NFT 사업을 시작한 것과 비교하면 4년 가까이 뒤처진 것이다. 그러나 유럽이나 미국에서도 대다수의 기업이 2020년경부터 사업을 시작했다는 사실을 생각하면 다른 IT계 비즈니스와 달리 세계의 많은 기업들과 거의 동시에 출발했다고도 말할 수 있다.

그런 가운데 **코인체크가 16종류에 이르는 암호자산을 지원하고, 라인 등이 NFT에 기초한 새로운 경제권을 구축하는** 등 일본 국내에서의 움직임도 눈에 띈다. 앞으로는 **해외 사업자와 파트너십을 형성하면서 경쟁**하게 될 것이다.

라인의 블록체인 사업을 이끄는 LVC의 다나카 료(田中遼) 씨는 "NFT는 글로벌하다"고 지적하며, 우선 "일본 내에서 일본의 콘텐츠를 NFT로서 누구나 쉽게 취급할 수 있는 환경을 만든 후에 세계로 확대되도록 하고 싶다."고 포부를 밝혔다. 또한, 코인체크의 아모 겐스케(天羽健介) 씨는 해외 파트너와 협력 체제를 만들어 NFT화한 일본의 콘텐츠를 해외에 수출해 일본 콘텐츠 산업의 존재를 높이고 싶다고 했다. ('일본의 암호자산 사업자가 목표로 하는 NFT 사업'[withB/2021.08.02]에서)

일본의 사업자가 해외 사업자와 협력할 때에는 일본의 독자적인 규제가 해외 사업자의 참여에 장벽이 되므로, 참여를 지원하는 방식을 고려할 수 있다. 또한, 경쟁과 관련해서는 라인이나 라쿠텐 혹은 코인체크의 움직임에서도 볼 수 있듯 편리한 사용(UI / UX)을 내세워 승부를 거는 방향에서 생각하고 있는 듯하다.

일본 암호자산 비즈니스 협회 NFT 부회

2016년 4월 일반사단법인 가상화폐 비즈니스 연구회가 발족되어 '금융기관의 지식을 집약해 일본 내 가상화폐 비즈니스의 건전한 발전을 목표로, 금융기관 중심의 회원 조직'으로 시작되었다. 이는 2018년 8월에 일반사단법인 일본 가상화폐 비즈니스 협회로 개칭 후 2020년 7월에 'NFT 부회'가 설립되었다. 2021년 4월에 'NFT 비즈니스에 관한 가이드라인'을 작성, 공표하였다. 2022년 2월 현재 협회 참가 회원은 108개사, NFT 부회 참가 회원은 41개사이다.

정회원(28개사)

(주)머니 파트너즈(マネ—パ—トナ—ズ) / 비트 뱅크(ビットバンク)(주) / (주)비트 포인트 재팬(ビットポイントジャパン) / 쿠오인(QUOINE)(주) / SBI VC 트레이드(주) / KDDI(주) / 코인 체크(주) / 후오비 재팬(フォビジャパン)(주) / 타오타오(TaoTao)(주) / 비트게이트(Bitgate)(주) / 엑시아 디지털 에셋(エクシア デジタル アセット)(주) / LVC(주) / 넥스트 코인(ネクストコイン)(주) / 에프엑스코인(FXcoin)(주) / (주)코인북 / (주)해시포트 / (주)비트플라이어(bitFlyer) / (주)디커렛(ディ—カレット) / 코인베스트(CoinBest)(주) / 페이워드 아시아(Payward Asia)(주)

준회원

유한책임감사법인 도마쓰(ト—マツ) / EY 신일본유한책임감사법인 / 심플렉스(シンプレクス)(주) / (주)유니미디어(ユニメディア) / 포어웨어 재팬(Forexware Japan)(주) / 니시무라 아사히(西村あさひ) 법률사무소 / (주)하쿠호도(博報堂) / (주)퀵(QUICK) / 소(創) · 사토(佐藤) 법률사무소 / (주)위드비(withB) / (주)코인진자(COINJINJA) / (주)카이카(CAICA) / 변호사법인 GVA 법률사무소 / 리브루스(Librus)(주) / TMI 종합법률사무소 / (주)넥스트탑댓아시아(Nextop.Asia) / MS미나토(みなと) 종합법률사무소

특별 회원

모리(森) · 하마다 마쓰모토(濱田松本) 법률사무소 / 앤더슨 모리(アンダ—ソン毛利) · 도모쓰네(友常) 법률사무소 / 가타오카(片岡) 종합법률사무소 PwC 아라타(あらた) 유한책임 감사 법인

053 THE GUIDE TO NFT 일본 최초의 IEO 토큰 PLT와 팔레트(Pallete) 체인이 가져올 미래

크로스 체인 기술과 컨소시엄형 블록체인의 실제 예

NFT에 특화한 사업을 전개하는 해시팔레트는 2021년 7월에 IEO를 실시했다. **IEO란, Initial Exchange Offering의 약어로, 거래소를 거쳐 토큰(여기에서는 주로 암호자산)을 발행하는 것**을 말한다. 심사한 암호자산 거래소는 코인체크이며, 일본 최초의 IEO 사례이다.

이 IEO에서 심사된 암호자산이 **팔레트 토큰(PLT)**이다. PLT는 이더리움상에서 발행되지만, 크로스 체인 기술(다른 블록체인상에서 암호자산을 직접 교환하는 기술)로 팔레트(NFT에 특화한 블록체인)상에서도 유통한다. PLT를 팔레트에서 다른 블록체인으로도 유통시킬 수 있다.

팔레트는 팔레트 컨소시엄이라는 기업연합이 분산적으로 운용하는 컨소시엄형 블록체인이다. 이더리움과 같은 퍼블릭형 블록체인과 달리 **가스비를 안정화하기 쉬워 일반 사용자에게서 가스비를 징수할 필요가 없다(가스비 불필요).**

IEO로 조달한 자금의 35%는 팔레트를 이용하는 어플리케이션 개발을 지원하는 팔레트 그랜트 프로그램(Palette Grant Program)에 사용될 예정이다. 또한, 해시팔레트는 팔레트의 OEM도 제공하고 있는데, 코인북에 의한 SKE48의 트레이딩 카드 발행은 그 한 예이다. 만화 앱이나 그 밖의 디지털 콘텐츠에 대한 소유권의 명확화, 되팔기의 실현 등에 이용될 예정이다. 향후 팔레트 및 PLT를 활용한 엔터테인먼트 비즈니스가 급속히 확대될지도 모른다.

IEO의 구조

토큰(이 경우에는 암호자산을 가리킨다)을 발행하는 기업을 '코인체크' 등의 암호자산 거래소가 심사함으로써 신용을 담보한다. 누구나 토큰을 발행할 수 있는 ICO로 비롯된 다양한 문제를 반성하는 과정에서 탄생했다.

자금 조달 방법의 차이

'IEO'와 'STO'는 누구나 자금을 조달할 수 있는 'ICO'의 '결점'을 없앤 방식이다. 투자 방법이 'IEO'인 경우에는 거래소를 경유하지만, 'STO'인 경우에는 '스마트 계약'을 통해 자동으로 이루어진다는 점이 크게 다른 점이다.

	ICO※	IEO※	STO※
이용할 수 있는 사람	누구나	거래소 이용자	누구나 (한정되는 경우도 있다)
관리자	없음	거래소	없음
거래 상대	발행원	거래소	발행원
투자 방법	스마트 계약	거래소를 통해	STO 플랫폼
유동성	낮다	높다	중간 정도
투명성	낮다	높다	높다
보안성	낮다	높다	높다
고객 관리	제삼자에 의한 검증 (없는 경우도 있다)	KYC / AML※	KYC / AML※

※ICO: 신규 암호자산 공개, IEO: 거래소를 거친 신규 암호자산 공개, STO: 보안 토큰을 사용한 자금 조달, KYC: 계좌 개설 시 본인 확인 절차의 총칭, AML: 자금 세탁 방지 대책

참고 : https : //fisco.jp/media/ieo-about/

054 다수의 대기업이 참여하는 이유 - 콘텐츠 잠재력

THE GUIDE TO NFT

NFT 비즈니스에서 세계적으로 높은 잠재성을 지닌 콘텐츠를 보유하다

일본은 수많은 IP(지적재산)를 보유한 'IP 대국'이다. 특히 게임, 애니메이션, 만화, 보컬로이드(VOCALOID: 일본의 기업 야마하에서 개발한 음성 합성 엔진과 이 엔진을 사용한 소프트웨어 및 이미지 캐릭터-옮긴이)와 같은 서브컬처 분야에서는 세계를 선도하는 국가 중 하나라 해도 좋을 듯하다. 그러나 일본에서는 여전히 유형 자산에 대한 집착이 강하며, 일본의 IP가 해외로 유출되어도 대다수 일본인은 그에 무관심하다.

그런 일본으로서는 **IP를 손쉽고 안전하게 자산화할 수 있는 NFT의 확대는 큰 기회**라 할 수 있다. 그렇다면 실제로는 어떤 움직임이 일어나고 있을까?

가장 기대되는 것은 게임 시장일 것이다. NFT의 시작이 블록체인 게임이었다는 점에서 NFT와 게임은 아주 궁합이 잘 맞고, 성공 사례도 축적되어 있다. 한편 일본은 하드와 소프트 모두에서 세계적인 게임 대국이다. 또한, **게임은 캐릭터 굿즈, 트레이딩 카드, 만화 및 애니메이션화, 소설화 등 2차적 이용이 활발하여 다양한 현금화 수단이 있다.**

파이널 판타지(ファイナルファンタジ)나 드래곤 퀘스트(ドラゴンクエスト)와 같은 세계적인 인기작을 다수 보유한 스퀘어 에닉스(SQUARE ENIX)가 NFT의 개발에 참여했다. 이를 시작으로 일본의 게임 업계도 잇달아 참여할 것으로 보인다.

현재의 디지털 업계는 GAFA(구글, 애플, 메타, 아마존) 등 플랫포머라 불리는 기업이 패권을 잡고 있다. 한편 일본은 콘텐츠 제작에는 자신이 있지만, 큰 이익을 올리지는 못해 왔다. 일본은 NFT와 진지하게 마주함으로써, 게임뿐만 아니라 여러 가지 IP 콘텐츠를 무기로 세계 곳곳에서 싸울 수 있을 것이다.

NFT 게임과 TCG의 다른 점

일본에서 시작된 트레이딩 카드 게임(TCG) '크립토 스펠스'의 홈 페이지에 게재된 NFT 게임에 관한 설명이다. 지금까지의 TCG와 어떤 점이 다른지 알기 쉽다.

	TCG1.0	TCG2.0	TCG3.0
자산화	○ 자유롭게 트레이드	× 서비스 종료 후 사라짐	○ 자유 트레이드, 발행 매수, 소유자가 가시화
2차 유통	○	×	○

출처: 크립토 스펠스의 공식 HP(https://cryptospells.jp)

컬렉션을 즐기는 NFT

스퀘어 에닉스가 시작한 첫 번째 NFT 상품인 디지털 씰 '자산성 밀리언 아서'이다. 마이 크립토 히어로즈의 성공에 위기감을 느낀 스퀘어 에닉스의 개발팀이 NFT의 실증 실험으로서 시작한 프로젝트가 순식간에 상품화로 이어졌다. '캐릭터 씰'과 '네 칸 만화 씰'의 두 장르가 마련되어 좋아하는 캐릭터나 네 칸 만화 중 한 칸을 선택해 구입한다.

NFT 디지털 씰 판매 사이트(https://shisansei.million-arthurs.com)

055 NFT는 한때의 유행인가?

THE GUIDE TO NFT

▶ 머니게임으로 과열되지 않는다면 정착한다

현재의 NFT 시장을 보고 한때의 거품이라고 말하는 사람도 많다. 실제로 과거 부동산이나 IT의 거품처럼 투기적으로 접근하는 사람이 많다. 또한, 이전부터 암호자산에 관여해 온 사람들 사이에서는 ICO 붐과 그 붕괴의 여파가 아직 기억에 남아 있어 NFT도 노출된 문제나 사기성 행위를 일으켜 붕괴되지 않을지 우려하고 있다.

NFT 시장의 발전을 위해 법과 제도의 조기 정비는 반드시 필요하다. 암호자산의 경우에는 여러 실패를 교훈 삼아 법 정비와 업계의 자체 규제가 진행되면서 현재는 어느 정도 안정되어 있다. 그러나 일반인들에게는 '암호자산은 무섭다'는 인상이 강하게 남아 있다는 사실을 부정할 수는 없다. NFT와 관련해서는 암호자산에 대한 반성으로부터 자체 규제가 진행되고 있지만, 중요한 법과 제도의 정비가 뒤쳐지고 있다.

Web에서 NFT에 관한 정보를 검색하면 현시점에서는 'NFT로 돈을 벌자'고 떠드는 내용의 기사가 상위에 표시되므로, NFT를 투기 대상으로 생각하는 사람이 많다는 사실을 추측할 수 있다. 이대로 '머니게임'으로서 과열되면 과거의 거품 경기처럼 순식간에 꺼져 버릴 수도 있다. 사실 불법 복제한 콘텐츠를 NFT로 만들어 판매하는 범죄 사례도 등장하고 있다. 이러한 사례가 늘어나면 'NFT는 무섭다'고 인식되어 버릴 것이다.

잊어서는 안 될 점은 **NFT 자체에 가치가 있는 것이 아니라 NFT는 '가치를 태운 수단'이라는 사실**이다. 이것이 일반적으로 이해된다면 NFT는 일과성 유행이 아닌 사회 인프라로 정착하게 될 것이다.

NFT가 성장하기 위한 네 가지 요인

콘텐츠의 충실함

IP(지적재산)나 디지털 콘텐츠를 취급하는 플레이어의 참여가 NFT 시장을 활성화시킨다.

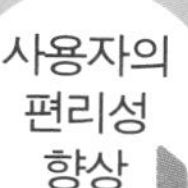

사용자의 편리성 향상

NFT의 거래는 다양한 플랫폼에 걸쳐 이루어지므로, 사용자에게 맞는 UX / UI의 개선이 요구된다.

기술 과제의 해결

NFT에서 사용되는 이더리움의 확장성(이용자의 증가로 송금 처리에 시간이 소요되는 현상)을 개선하는 기술 혁신이 진행되고 있다.

법령의 정비

안심할 수 있고 안전한 거래가 가능하도록 NFT를 확실히 법적으로 정의하고, 법과 제도를 정비한다.

미국 경제 정책의 영향은 불투명하다

미국의 나스닥(NASDAQ) 시장에서 나타난 IT 거품의 발생 원인은 e-커머스의 급성장, 저금리 정책 및 투자 심리의 과열이라고 한다. NFT와 e-커머스를 비교하면 그 구조가 완전히 같다.

붕괴의 계기는 FRB(연방준비제도이사회)에 의한 금리 인상이었다. FRB는 2022년 3월에 제로 금리 정책을 해제한다고 발표했기 때문에 NFT 붐에 미칠 영향이 우려된다.

나스닥 종합지수 변화

056 THE GUIDE TO NFT

NFT가 만들어내는 새로운 세계

▶ 블록체인과 DAO에 의한 Web3 실현의 열쇠가 NFT이다

이더리움의 공동 창설자인 개빈 우드(Gavin Wood) 씨가 제창하는 Web3 (Web3.0)을 NFT가 실현할지도 모른다.

인터넷상에 Web(World Wide Web)의 구조가 탄생한 것은 1990년이었다. 그 후 2005년에 Web2.0이라는 개념이 제창되면서 그 이전 시대는 Web1.0으로 부르게 되었다.

Web1.0에서 인터넷은 급속도로 보급되었지만, 정적이고 독해 중심(일방통행)인 콘텐츠가 대부분이었다. Web2.0이 되면서 쌍방향 액세스가 가능해졌다. 나아가 SNS와 스마트폰의 등장으로 사용자와 그들로부터 수집되는 데이터가 폭발적으로 증가했다. 빅 데이터의 활용은 비즈니스 기회를 낳는다고 하여 데이터의 가치가 폭등하고, 데이터를 소유하는 플랫포머에 부와 파워가 집중하게 되었다.

Web3에서는 집중된 부와 파워가 재분배됨으로써, 인터넷의 민주화가 이뤄질 것으로 기대되고 있다. 블록체인 등 분산 대장 기술을 토대로 DAO가 협력하면서 부를 창출하고, 전체에 배분하는 세계가 실현될지도 모른다.

Web3의 세계에서는 디지털과 현실이 맞물려 무형 자산이 지금까지 이상으로 가치를 갖게 될 것이다. 누구에게나 기회가 있는 동시에, 약자에게는 금융 포용과 같은 구제책이 제안될 것이다.

꿈같은 이야기일지도 모르지만, 실현의 열쇠는 NFT에 있지 않을까?

Web의 역사와 미래

일반적으로 Web3(Web3.0)은 블록체인에 의한 혁명이라고 하는데, 그 중심적인 가치를 만드는 것은 NFT라고 생각되고 있다.

	Web1.0 1990~2004	Web2.0 2005~2021	Web3.0 2022~
커뮤니케이션	일방 통행	쌍방향	인게이지드
콘텐츠	정적 / 독해 전용	동적	휴대용 & 퍼스널
정보 발신	홈 페이지	블로그 / 위키 / SNS	라이프 스트림
검색 방법	디렉토리형	키워드 / 태그	문맥 / 관련성
KPI	페이지 뷰	전환율	유저 인게이지먼트

인터넷의 민주화에 대한 기대

블록체인이건 IPFS건 Web3의 중심적인 기술은 분산한 노드가 피어 투 피어(P2P, Peer to Peer)로 결합하는 것이다. 이는 DAO와 무척 잘 어울리는 구조이기도 하다.

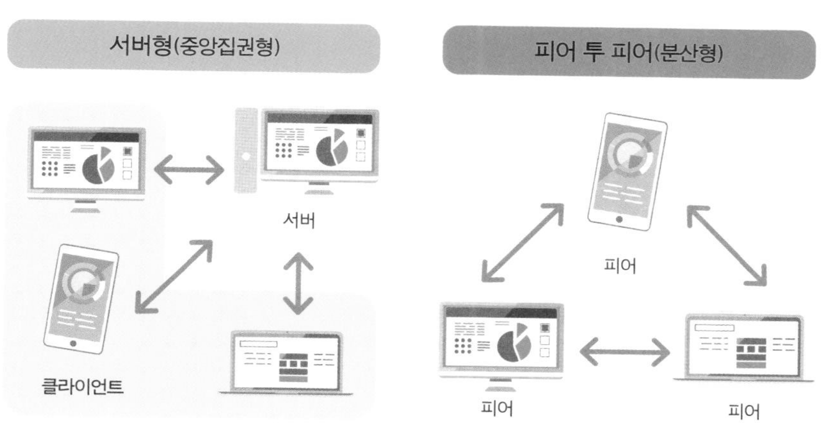

일본의 NFT 관련 기업

게임	http://www.axelmark.co.jp/
액셀마크주식회사 (アクセルマ__ク株式会社)	블록체인 게임 관련 사업 외 광고 사업이나 IoT 사업 등
디자인	https://rhizomatiks.com/
주식회사 업스트랙엔진 (株式会社アブストラクトエンジン)	미디어 아트와 산업, 기업과 협업해 새로운 포맷을 만듦
서비스	https://alyawmu.com/
주식회사 아루야우무 (株式会社あるやうむ)	NF 후루사토와 납세의 답례품에 활용하는 대책 추진. NFT가 답례품이 되는 포털 사이트 개발
시스템 개발	https://www.smartapp.co.jp/
에스비아이엔에프티 (SBINFT) 주식회사	가상화폐 월렛 앱을 운영. 블록체인 기술을 활용한 게임이나 서비스, 토큰 관리 앱 개발
모바일 통신	https://www.nttdocomo.co.jp/
주식회사 NTT 도코모(ドコモ)	통신사업, 휴대 전화 서비스
게임	http://www.altplus.co.jp/
주식회사 알트플러스 (オルトプラス)	수탁 개발, 소프트웨어 개발
소프트웨어	https://kyuzan.com/
주식회사 큐잔(Kyuzan)	블록체인 기술을 이용한 제품의 개발 및 개발 지원 서비스
인쇄 / 제판	http://www.kyodoprinting.co.jp/
공동(共同)인쇄주식회사	출판 인쇄, 상업 인쇄, 생활 자재 등
소프트웨어	https://corp.cluster.mu/
클러스터(クラスタ__) 주식회사	가상공간에서의 이벤트 플랫폼인 VR 디바이스용 앱 '클러스터(cluster)' 운영
광고 대리점	http://gracone.co.jp
주식회사 그라코네(グラコネ)	광고 대리업, 광고 기획 및 제작 작업 외. 비트코인 블록체인 스쿨 운영
IT 서비스	http://cryptogames.co.jp/
크립토 게임 주식회사	블록체인 기술을 이용한 온라인 게임 '크립토 스펠스' 개발
모바일 통신	http://www.kddi.com/
KDDI 주식회사	전기 통신사업

증권	https://corporate.coincheck.com/
코인체크 주식회사	암호자산 사업
인터넷 서비스 공급자	http://www.gmo.jp/
GMO 인터넷 주식회사	WEB 인프라 / EC 인터넷 미디어, 인터넷 증권, 소셜 / 스마트폰 관련 사업
미술품 유통	https://www.shinwa-wise.com/
신화 와이즈 홀딩스(Shinwa Wise Holdings) 주식회사	지주회사 그룹 전체의 경영 방침 책정 및 경영 관리
완구	https://www.jp.square-enix.com
주식회사 스퀘어 에닉스	게임 사업, 출판 사업, 어뮤즈먼트 사업, 권리 프로퍼티 사업 외
소비자 서비스 판매	https://www.scopenext.co.jp/
주식회사 스코프넥스트(ScopeNext)	스마트 폰용이나 PC용으로 게임 앱을 개발하고, 콘텐츠의 NFT화 및 판매
IT 서비스	https://startbahn.jp/
스타트반(スタ＿トバ＿ン) 주식회사	블록체인 기술을 활용한 디지털 증명서 발행 시스템 '서트.(Cert.)' 개발
광고 대리점	https://straym.com/
스트레임 아트 앤 컬처 주식회사(ストレイム ア＿トアンドカルチャ＿株式会社)	아트 플랫폼 '스트레임(STRAYM)'을 운영하면서 소액 투자 실현
IT 서비스	https://sekai-go.jp/
주식회사 세카이(世界)	중소기업의 해외 자금 조달을 지원. 위조가 불가능한 감정서나 소유 증명서가 첨부된 디지털 데이터의 개발 운용
게임	https://www.doublejump.tokyo/
더블 점프.도쿄(double jump.tokyo) 주식회사	블록체인을 활용한 온라인 게임 '마이 크립토 히어로즈' 개발
금융	https://www.decurret.com/
주식회사 디카렛트	디지털 통화의 거래 서비스
게임	https://dena.com/jp/
주식회사 디앤에이(ディ＿・エヌ・エ＿)	모바일용 포털 사이트의 기획 운영
광고 대리점	https://www.group.dentsu.com/jp/
주식회사 덴쓰(電通) 그룹	그룹 전체의 지속적인 성장을 위한 각종 환경 정비와 지원, 그룹 거버넌스 추진

시스템 인테그레이터	http://www.isid.co.jp/
주식회사 덴쓰 국제정보서비스	컨설팅 서비스, 소프트웨어 제품 판매 지원, 자사 개발 소프트웨어의 판매 외
IT 서비스	https://www.24karat.io/?lang=ja
24캐럿(karat) 주식회사	디지털 월렛 '24캐럿 잽(ZAP)'이나 브랜드화한 NFT 시장 '24캐럿 NFT 시장' 운영
인쇄 / 제판	http://www.toppan.co.jp/
돗판(凸版) 인쇄 주식회사	정보 커뮤니케이션 사업, 생활 산업 사업, 일렉트로닉스 사업
서비스	https://monobundle.com/
일본모노번들 주식회사(日本モノバンドル株式会社)	NFTAPI '호쿠사이(Hokusai)'를 운영. NFT의 발행, 송신, 저작권료의 설정, 데이터 참조 등의 NFT 기능을 갖춘 API
시스템 개발	https://basset.ai/
주식회사 바셋(Basset)	블록체인 거래 분석 감시 솔루션 개발
소비자 서비스/판매	https://www.harti.tokyo/
주식회사 하티(HARTi)	아트 작품의 수익화를 지원하는 서비스
경영 재무	https://hashport.io
주식회사 해시포트	블록체인 관련 컨설팅 서비스
전기 설비 자재 도매	http://pixel-cz.co.jp/
픽셀컴퍼니 주식회사(ピクセルカンパニーズ株式会社)	그룹의 경영 방침, 전략 책정 및 경영 관리
시스템 개발	https://bitcoinbank.co.jp/
비트뱅크 주식회사	가상화폐 관련 사업을 전개. 비트코인 가상화폐 거래소인 '비트뱅크(bitbank)' 외
IT 서비스	https://fracton.ventures/
프랙턴 벤처(Fracton Ventures) 주식회사	NFT 배지의 배포나 토큰의 설계/발행 컨설팅. 'Web3.0 매거진' 운영
서비스	https://block-base.co/
블록베이스(BlockBase) 주식회사	블록체인 관련 기술 컨설팅
SNS 사이트 운영	http://mixi.co.jp
주식회사 믹시(ミクシィ)	'믹시(mixi)', '파인드 잡(Find Job!)' 등 운영

출판	https://medibang.com/
주식회사 메디방(mediBang)	만화, 일러스트, 소설의 종합 플랫폼 '메디방!' 운영 외
IT 서비스	https://mediaequity.jp/
미디어 에퀴티 주식회사(メディアエクイティ株式会社)	기사 작성 서포트 툴 'AI SEO 라이터 툴', NFT 발행 서비스 '헥사(HEXA)' 운영
전자출판 / 송신	https://www.mediado.jp/
주식회사 미디어 두	디지털 콘텐츠 유통 및 전달/시스템 개발 및 제공 외
온라인 통판	https://about.mercari.com/
주식회사 메르카리(メルカリ)	프리마켓 앱 '메르카리'의 기획, 개발, 운용
서비스	https://www.mercoin.jp
주식회사 메루코인(メルコイン)	암호자산이나 블록체인에 관한 서비스의 기획 / 개발
음악 송신	http://www.mobilefactory.jp/
주식회사 모바일 팩토리	모바일 서비스 소셜 앱 사업, 모바일 콘텐츠 사업
온라인 광고	https://about.yahoo.co.jp
야후 주식회사	E-커머스 사업 및 회원 서비스 사업, 인터넷상의 광고 사업 등
소비자 서비스 / 판매	https://www.yuimex.co.jp/
주식회사 유이맥스 (YUIMEX)	애니메이션의 디지털 콘텐츠 판매 서비스 '애니픽(AniPic!)' 운영. 애니메이션의 한 장면이나 원화의 디지털 데이터 판매
앱	https://about. utoniq.com/
주식회사 유토닉 (ユートニック)	아티스트나 창작가용 디지털 토큰 발행 관리 플랫폼 '유토닉 코어(utoniq core)' 운영
전화/데이터 통신	https://linecorp.com/ja/
라인 주식회사	커뮤니케이션 앱 '라인'을 중심으로 인터넷 관련 사업
온라인 통판	https://corp.rakuten.co.jp/
라쿠텐 그룹 주식회사	포털 사이트, 온라인 쇼핑몰 운영
광고 대리점	https://1sec.world/#!page1
주식회사 원섹(1sec)	VR 서비스를 운영. AI와 CG로 인간을 본뜬 '버추얼 휴먼' 개발